T0225157

Lionel Pilorget

Testen von Informationssystemen

Aus dem Programm ⟋ IT-Management und -Anwendung

Erfolgreiches IT-Management in der Praxis
herausgegeben von M. Crameri und U. Heck

Management von IT-Architekturen
von G. Dern

Grundkurs Geschäftsprozess-Management
von A. Gadatsch

Security Awareness
herausgegeben von M. Helisch und D. Pokoyski

Masterkurs IT-Management
herausgegeben von J. Hofmann und W. Schmidt

Führen von IT-Unternehmen
von K. P. Hradilak

Testautomation mit SAP®
von A. Vivenzio

www.viewegteubner.de

Lionel Pilorget

Testen von Informationssystemen

Integriertes und prozessorientiertes Testen

Mit 60 Abbildungen und 45 Tabellen

PRAXIS

**VIEWEG+
TEUBNER**

Bibliografische Information der Deutschen Nationalbibliothek
Die Deutsche Nationalbibliothek verzeichnet diese Publikation in der
Deutschen Nationalbibliografie; detaillierte bibliografische Daten sind im Internet über
<http://dnb.d-nb.de> abrufbar.

Höchste inhaltliche und technische Qualität unserer Produkte ist unser Ziel. Bei der Produktion und
Auslieferung unserer Bücher wollen wir die Umwelt schonen: Dieses Buch ist auf säurefreiem und
chlorfrei gebleichtem Papier gedruckt. Die Einschweißfolie besteht aus Polyäthylen und damit aus
organischen Grundstoffen, die weder bei der Herstellung noch bei der Verbrennung Schadstoffe
freisetzen.

1. Auflage 2012

Alle Rechte vorbehalten
© Vieweg+Teubner Verlag | Springer Fachmedien Wiesbaden GmbH 2012

Lektorat: Christel Roß | Maren Mithöfer

Vieweg+Teubner Verlag ist eine Marke von Springer Fachmedien.
Springer Fachmedien ist Teil der Fachverlagsgruppe Springer Science+Business Media.
www.viewegteubner.de

Umschlaggestaltung: KünkelLopka Medienentwicklung, Heidelberg
Druck und buchbinderische Verarbeitung: AZ Druck und Datentechnik, Berlin
Gedruckt auf säurefreiem und chlorfrei gebleichtem Papier.

ISBN 978-3-8348-1866-9

Vorwort

Als Vorwort möchte ich den Hintergrund zur Entstehung des Buches erläutern und Informationen zu den Rahmenbedingungen geben, welche die Erstellung ermöglicht haben.

Als ich vor über 10 Jahren anfing, IT-Projekte zu führen, war ich im SAP-Bereich tätig. Ich fand es immer sehr spannend, die passende Lösung für die Industrie zu entwickeln. Aber bei der Abwicklung der IT-Lösungen stand für mich immer das Testing im Weg. Die Tester waren in meiner Wahrnehmung sehr skeptisch, detailorientiert, immer negativ, dauernd auf der Suche nach dem was nicht funktioniert oder nicht funktionieren kann. In einem Wort: „kontraproduktiv". Nun durfte ich in den letzten fünf Jahren die Testingaktivitäten im Rahmen der Migration von Bankkernsystemen führen und sozusagen auf die „dunkle Seite der Macht" wechseln. Sehr schnell war ich mit der Komplexität der Situation konfrontiert. Wie kann ich über zahlreiche heterogene IT-Systeme Testingaktivitäten mit mehr als 100 Testern planen und koordinieren und gleichzeitig das Management rechtzeitig und vollständig informieren? Die Antwort auf diese Frage befindet sich im nachfolgenden Werk.

In meiner bisherigen beruflichen Laufbahn hatte ich das Glück, zwei Mal ein „Superteam" leiten zu dürfen. In einem Superteam befinden sich Leute, die in der Lage sind, viele Herausforderungen fair und vertrauensvoll zu bewältigen. Die Energie fließt, und es ist unglaublich zu sehen und vor allem zu spüren, wie kritische und komplexe Situationen gemeistert werden. An dieser Stelle ein herzlicher Dank an Luca, Ramona, Alexander, Céline, Erik, Reto und Jürgen für die tolle Zusammenarbeit. Es hat richtig Spaß gemacht.

Ich möchte mich noch bei meinem Arbeitgeber bedanken, insbesondere bei meinem Chef Peter. Zum Schluss vielen Dank an den Vieweg+Teubner Verlag für die Veröffentlichung meines zweiten Buchs.

Sur ce, bonne lecture.   Lionel Pilorget

Inhaltsverzeichnis

Abbildungsverzeichnis

Tabellenverzeichnis

A   Allgemeine Begriffe und Definitionen

1 Einführung

Der Begriff „Test" weist eine lange Vergangenheitsgeschichte auf. Der Ursprung liegt sprachlich im Lateinischen (*testum*) bzw. Altfranzösischen (*test*) und bezeichnete damals ein Gefäß aus gebrannter Erde, in welchem alchemistische Experimente durchgeführt wurden, insbesondere die Prüfung von Metallen.

In unserer modernen Zeit spielt das Testwesen eine zentrale Rolle für die Güterindustrie und in zunehmendem Maße auch für Dienstleistungen. Vor allem wollen Kunden informiert werden und lassen sich oft in ihren Kaufentscheiden von den Ergebnissen durchgeführter Tests beziehungsweise von Produktbewerbung mit Testergebnissen beeinflussen. Mit einer Zertifizierung oder einer Garantiebezeichnung werden die angesprochenen Konsumenten transparent und sachkundig über Eigenschaften der angebotenen Produkte informiert und überzeugt.

Auch in der IT-Branche spielt das Testing eine wichtige Rolle, sowohl was die Herstellung von physischen IT-Komponenten betrifft als auch die Software-Herstellung. Im Gegensatz zu anderen Industrien ist die Produkthaftung für Software nicht gewährleistet. Softwarehersteller bieten regelmäßige Verbesserungen der gekauften Lösung und so genannten IT-Support für die Bewältigung der gravierendsten „Bugs" an. Dies bedeutet aber, dass die Softwareanwender die entsprechenden Maßnahmen treffen müssen, um die oft „nach Maß geschnittene" Lösung dauerhaft und nachhaltig betreiben zu können. An dieser Stelle spielt das Testing seitens der Anwender eine entscheidende Rolle. Einerseits um die Stabilität und die Integrität der automatisierten Lösung sicherzustellen, anderseits um die Qualität der gelieferten Software zu prüfen.

Die Bezeichnung Testing (oder Testwesen) umfasst in diesem Zusammenhang die Gesamtheit aller Aktivitäten, um die Funktionalität einer Software sicherzustellen und ihre Qualität zu messen. Der Testaufwand auf Seite sowohl der Hersteller als auch der professionellen Anwender ist erheblich, aber von großer Bedeutung, denn ohne umfangreiche Prüfungen kann eine negative Auswirkung auf den eigenen Betrieb verursacht werden.

Dieses Buch befasst sich mit dem Thema „Testing" aus Sicht der professionellen Anwender, nicht aus Sicht der Software-Entwicklung. Am Beispiel einer Bank werden Vorgehensweise und Erfahrungswerte ermittelt, welche die Bedeutung des Testwesens erläutern. In einem weit umfassenden IT-Markt, in dem zahlreiche Produkte unterschiedlicher Natur für die verschiedensten Bedürfnisse entwickelt werden, werden nur bestimmte davon in einem Unternehmen umgesetzt. Die Definition der IT-Architektur und die Wahl der Softwarelösung sind von strategischer Bedeutung, da wertvolle Ressourcen dafür zur Verfügung gestellt werden müssen.

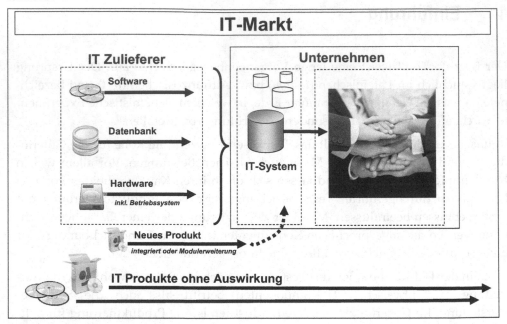

Abbildung 1: Beschreibung des IT-Markts

Im professionellen Umfeld hat eine Integration der Softwarelösung stattgefunden. Die Idee dieser gegenwärtigen IT-Architektur ist einerseits die Unternehmensdaten nur einmal zu verwalten und anderseits diese für alle Bereiche zur Verfügung zu stellen. Das so genannte „Enterprise Resource Planning" (ERP) ist sicher das bekannteste Beispiel dieses Trends. ERP-Systeme sind Unternehmens-Informationssysteme, mit denen die Ressourcen aller Geschäftsbereiche effizient verwaltet und somit die unterliegenden Geschäftsprozesse optimiert werden. SAP oder Oracle E-Business Suite sind Beispiele davon. Damit werden die Insellösungen der so genannten „Stand-alone"-Systeme abgelöst und in einem zentralen EDV-Tool modularisch integriert.

Bei ERP-Systemen handelt es sich um komplexe Software. Diese stellen zwar eine vollwertige Alternative zur ineffizienten manuellen Abhandlung der Prozesse und zur „Patchwork"-Lösung mit verschiedenen einzelnen Software-Produkten dar, welche miteinander in Einklang gebracht werden müssen. Dennoch muss diese Komplexität beherrscht werden.

Da alle Geschäftsprozesse bei der Einführung einer solchen ERP-Software betroffen sind, ist das Testing sehr wichtig. Zusätzlich nimmt die Bedeutung des Testwesens mit den Abhängigkeiten zu anderen Komponenten, der Anzahl von Anwendern, der Datenmenge oder der Business-Relevanz der IT-Systeme zu.

Für erfolgreiches Testing sind viele Aspekte zu berücksichtigen, bspw. Berechtigungen oder Schnittstellen zu anderen IT-Systemen. Gerade mächtige Systeme haben zudem umfangreiche Funktionalitäten. Die Integration eines solchen komplexen Systems hat seinen Preis.

Das vorliegende Buch soll einen allgemeinen Leitfaden des Testmanagements darstellen. Es werden alle wesentlichen Aspekte einer Testkonzeption und Testdurchführung beschrieben. Der Aufbau ist praxisbezogen und orientiert sich am IT-System Lifecycle, welcher nachfolgend beschrieben wird. Die theoretischen Ausführungen werden jeweils durch Beispiele aus der Praxis im Bankbereich ergänzt. Nicht Bestandteil des Buches, wie schon erwähnt, ist das Testing bei der Softwareherstellung.

Um konkrete Hinweise und Vorgehensweisen zu veranschaulichen, wird die Einführung eines Bankenkernsystems dokumentiert. Dieses Beispiel ist in vielen Aspekten vergleichbar mit einer Einführung in die oben erwähnten ERP-Systeme, so dass gewisse Parallelen gezogen werden können.

1.1 IT-System Lebenszyklus

Um das Thema Testing verstehen zu können, ist es wichtig, eine Definition des Referenzmodells zu geben, in dem die Testaktivitäten abgewickelt werden.

Das „IT-System" stellt den Kernbegriff dar, wo das Testwesen seine Bedeutung findet. Mit IT-System wird die Gesamtheit der technischen und organisatorischen Mittel zur automatisierten Datenbearbeitung verstanden. In der Regel besteht ein IT-System aus Hardware, Betriebssystemen, Middleware, Datenbanken und Software. Im erweiterten Sinn gehören auch die IT-Anwender zum definierten „IT-System".

IT-Systeme unterliegen steigender Komplexität und wachsender Abhängigkeiten von verschiedenen Komponenten untereinander. Dies macht sich sehr bemerkbar in Systemen, die wir im Alltag benutzen (GPS, Smartphones, …). Sie sind zunehmend miteinander vernetzt, indem sie im Auto, im Büro, zu Hause, unterwegs verwendet werden.

Ein IT-System verfügt über einen Lebenszyklus. Dieser umfasst aus fachlicher Sicht den Aufbau des Systems, dessen Benutzung und am Schluss des Zyklus die Archivierung historischer Daten. Aus technischer IT-Sicht wird das System eingeführt, muss während der Verwendungszeit mittels Systemänderungen gewartet werden und wird nach Ablauf der Benutzungszeit stillgelegt.

Während diesen Phasen sind immer wieder Tests nötig. Der Aufwand variiert hierbei:

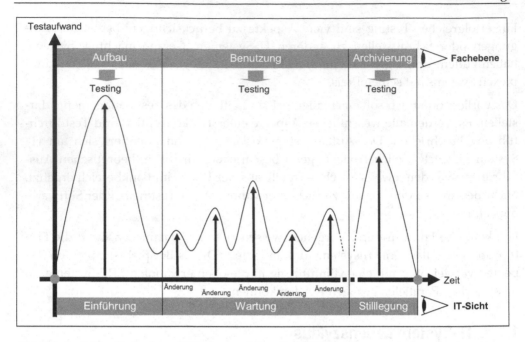

Abbildung 2: Testbedarf gemäß Lebenszyklus eines IT-Systems

Die drei Phasen des Lebenszyklus lassen sich auf Fachebene wie folgt unterscheiden.

Aufbau: Entwicklung und Aufsetzung des neuen IT-Systems in einer bestehenden IT-Systemlandschaft. Dabei kann entweder eine Standard-Software verwendet werden, die mittels „out-of-the-box" ohne weitere Anpassungen installiert wird. Oder es wird eine Software verwendet, die integriert und durch eigene Parametrierung angepasst werden muss. Zu diesem Zweck werden in der Regel **Anforderungen** definiert. Diese sind funktionale oder nicht-funktionale Vorgaben, die ein System zu erfüllen hat bzw. technische oder formale Restriktionen, die vom Auftraggeber vorgegeben und zu beachten sind.

Benutzung: Sicherstellung der betrieblichen Anwendung. Diese muss stabil und preisgünstig sein. Gleichzeitig müssen regelmäßig Systemänderungen durchgeführt werden.

Archivierung: Der Zugriff auf die historischen Daten muss sichergestellt werden.

Das Testing spielt in allen drei Abschnitten dieses Lebenszyklus aus IT-Sicht eine wichtige Rolle.

Einführung: Wenn das System ganz neu oder als Ersatz eines bestehenden Systems aufgebaut wird, muss sichergestellt werden, dass alle Funktionalitäten „richtig" entwickelt worden sind.

Wartung: Wenn Änderungen erfolgen, muss sichergestellt werden, dass weiterhin alle Funktionalitäten verfügbar sind.

Stilllegung: Wird ein bisher genutztes System außer Betrieb genommen, ist zu gewährleisten, dass auf die historischen Daten zugegriffen werden kann.

Entscheidend ist das Testing am Anfang des Zyklus, da hier am meisten Wissen im Umgang mit dem neuen System gewonnen wird. Es ist von großem Vorteil, wenn ein System gut getestet wird. Dies wird tendenziell dazu führen, dass man es nach der Einführung gut bedienen kann.

Wie in der obigen Grafik dargestellt, gibt es in den drei Phasen Unterschiede in der Bedeutung des Testings.

Tabelle 1: Bedeutung von Tests in den drei Phasen des IT-System Lifecycles

Phase	Beschreibung	Bedeutung von Tests
1. Aufbau	Neues System wird aufgesetzt, inkl.: Datenmigration IT-Infrastruktur + Kernsystem Systemparametrisierung Integration in einer bestehenden IT-Landschaft Schulung	Die Einführung umfasst in der Regel die größte Intensität von Tests. Hier wird das neue System von Kopf bis Fuß durchgecheckt, um Fehler aufzuspüren und zu beheben. Zudem stellt die Prüfung der Datenmigration ein zusätzliches wichtiges Thema dar.
2. Benutzung	Erweiterungen und Änderungen: „Bug"-Bewältigung Neue Funktionalitäten Optimierung der Prozesse Benutzerfreundlichkeit Weitere Datenintegrationen	Fehlerbehebungen oder Erweiterungen der bestehenden Lösung stellen dauerhafte Tätigkeiten dar, die Testaktivitäten erfordern. Primär sind die neuen Eigenschaften zu testen. Zudem ist sicherzustellen, dass durch neue Systemfunktionen bisherige, funktionierende Module nicht beeinträchtigt werden.
3. Archivierung	Sicherstellung der Verfügbarkeit historischer Daten.	Bei der Umstellung auf ein neues IT-System sind keine Änderungen mehr zu testen. Vielmehr muss durch Tests sichergestellt werden, dass auf ältere Daten problemlos zugegriffen werden kann, ohne dass diese verändert werden (können).

1.2　Standard Bankensoftware als Beispiel

In diesem Buch wird das Testing in praxisbezogener Form erläutert. Als Beispiel dient hierzu das Management eines Bankenkernsystems einer Universalbank mittlerer Größe (500 bis 1000 Mitarbeiter).

Die Universalbank stellt für die Veranschaulichung des Testmanagements eine gut geeignete Organisation dar. Sie verfügt über ein Bankenkernsystem, in welchem sich die unterschiedlichen Prozessbereiche widerspiegeln: Kundenverwaltung, Zahlungsverkehr, Kreditverarbeitung, usw. Durch die Einführung eines zentralen Systems sollen die Effizienz gesteigert und die Transparenz und Kundenzufriedenheit erhöht werden.

Anhand von Bankprozessen können die verschiedenen Bankaktivitäten dargestellt werden. Diese werden in der Regel in Kern-, Führungs- und Unterstützungsprozesse unterteilt. Die Führungsprozesse umfassen die Steuerung der Unterstützungs- und Kernprozesse in den Organisationen zur Erreichung der Unternehmensziele. Die Kernprozesse umfassen alle Tätigkeiten, die der direkten Erfüllung der Kundenbedürfnisse dienen. Die Unterstützungsprozesse sind betriebliche Prozesse, welche die Kernprozesse unterstützen, aber selbst keine direkten Auswirkungen auf Kunden erzeugen.

Tabelle 2: Kern-, Führungs- und Unterstützungsprozesse

Führungsprozesse:	Unterstützungsprozesse:
Unternehmungsführung und -planung	Rechnungswesen
Banksteuerung	Personalwesen
Kommunikation	Recht und Compliance
Kontrolle und Beurteilung	IT und Infrastruktur
Kernprozesse:	
Kundengewinnung und Betreuung	
Zahlen	
Finanzieren	
Anlegen	
Handel	
Die Kernprozesse werden zusätzlich in Aktivgeschäft, Passivgeschäft und indifferentes Geschäft strukturiert.	

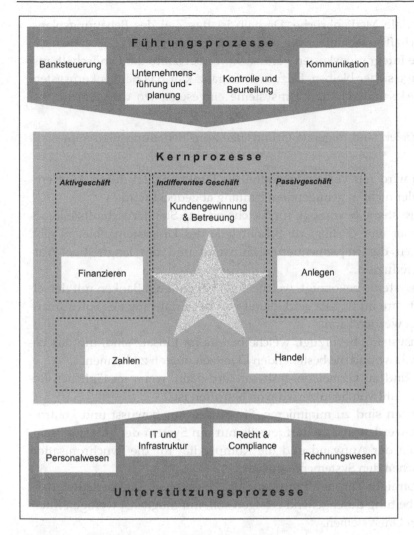

Abbildung 3: Prozessdomäne im Bankumfeld

Die erzielte IT-Architektur ermöglicht die Pflege eines Bankenkernsystems mit umfassenden Bankenfunktionalitäten. Allerdings kann dieses nicht alle Anforderungen einer Bank abdecken, so dass auch noch eine Reihe von zusätzlichen IT-Systemen geplant wird. Der Bebauungsplan beschreibt, welche Systeme zum Einsatz kommen und welche Funktionalität sie abdecken werden.

Die Vorteile eines verbreiteten Bankenkernsystems bestehen unter anderem darin, dass die Entwicklungskosten niedrig gehalten werden (da sie von vielen Kunden getragen werden), die Systemlandschaft durch die integrierte und umfassende Software vereinfacht wird und die Benutzer in einer einzigen, einheitlichen Umgebung arbeiten können. Diese Vorteile können jedoch nur ausgeschöpft werden, wenn die Vielzahl heterogener Systeme neben dem Kernsystem vermieden wird. Eine komplexe Systemlandschaft verursacht hohe Integrationskosten und schafft für die Benutzer viele Medienbrüche. Deshalb ist das Ziel des Bebauungsplans, eine Systemlandschaft zu schaffen, die einfach ist, aus wenigen IT-Systemen besteht und niedrige Integrationskosten verursacht. Dabei sollte die Landschaft ausbaubar und zukunftssicher bleiben. Dazu wurde ganz klar das Bankenkernsystem ins Zentrum gerückt und nur dort Umsysteme eingesetzt, wo dieses nicht ausreichte.

Aus den obigen Zielen sind folgende Grundsätze zum Bebauungsplan aufgestellt worden:

- Ein Umsystem wird nur verwendet, wenn die Funktionalität durch das Kernsystem nicht oder nicht in genügendem Umfang abgedeckt wird.
- Es werden Umsysteme bevorzugt, für welche es eine Standardschnittstelle des Kernsystems oder eine zertifizierte Schnittstelle des Umsystemanbieters gibt. Dadurch werden der Implementierungsaufwand und der langfristige Wartungsaufwand reduziert.
- Es werden Umsysteme bevorzugt, welche auch bei anderen Banken mit derselben Bankensoftware im Einsatz sind, damit von der Erfahrung des Softwareanbieters profitiert werden kann.
- Es werden Umsysteme bevorzugt, welche bereits im Einsatz sind, um das bestehende Know-how und die bestehenden Lizenzen nutzen zu können.
- Medienbrüche sind zu vermeiden, insbesondere dann, wenn im täglichen Betrieb eine große Zahl von Benutzern davon betroffen ist.
- Datenredundanzen sind zu minimieren. Sie dürfen nur bewusst und kontrolliert geschaffen werden und es darf jeweils nur ein System der „Master" sein. Dadurch werden der Aufwand und die Komplexität für die Synchronisation der Daten zwischen den Systemen reduziert.
- Die STP-Rate (Straight Through Processing) ist zu erhöhen. Dies bedeutet, dass die Datenverarbeitung durchgehend erfolgen soll, mit möglichst wenigen Interaktionen zu den Umsystemen.

Folgende Definitionen können benutzt werden:

- Umsystem: IT-System, das nicht als Kernsystem gilt, dennoch innerhalb des Unternehmens verwaltet wird (Beispiel aus der Bank: Geldautomat)
- Drittsystem: IT-System, das nicht als Kernsystem gilt und außerhalb des Unternehmens verwaltet wird (Beispiel aus der Bank: Börsenhandelssystem)
- Systemverbund: die Summe des Kernsystems, der Umsysteme und der Drittsysteme

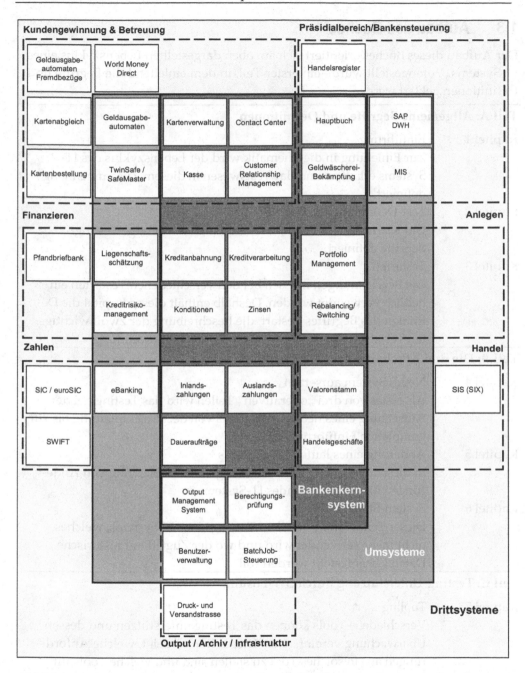

Abbildung 4: Bebauungsplan eines Banksystemverbunds

1.3   Aufbau des Buches

Der Aufbau dieses Buches orientiert sich am oben dargestellten Lebenszyklus eines IT-Systems. Vorangestellt wurde ein erster Teil, in dem einleitend die Begriffe und Definitionen geklärt werden.

Teil A: Allgemeine Begriffe und Definitionen

Kapitel 1	Einführung Zur Einleitung in die Thematik wird der Lebenszyklus des IT-Systems erläutert und das Testswesen in diesem Zusammenhang definiert.
Kapitel 2	Test-Definitionen & Begriffe Um Klarheit zu schaffen, werden zunächst wichtige Testing-Begriffe definiert.
Kapitel 3	Testarten Die Bezeichnungen müssen bei den verschiedenen Testarten einheitlich verwendet werden. Deshalb enthält dieses Kapitel die Definition des Begriffes Testart, die Beschreibung der zwölf wichtigsten Testarten und liefert Beispiele für deren Anwendung.

Teil B: Die drei Abschnitte des IT-System Lifecycle

Kapitel 4	Neues System aufsetzen Als erstes von drei „operativen" Teilen wird das Testing bei der Aufsetzung eines neuen IT-Systems von der Projektplanung bis zur kompletten Einführung erläutert.
Kapitel 5	Änderung eines laufenden Systems In diesem Teil geht es um die erfolgreiche Umsetzung von Änderungen für ein bestehendes IT-System.
Kapitel 6	System-Stilllegung Dieser Teil widmet sich dem Testing eines IT-Systems, welches nicht mehr verwendet wird und wo der Zugriff auf historische Daten sichergestellt werden soll.

Teil C: Testing-Unterstützung durch SW-Lösung

Kapitel 7	Tooling Verschiedene Tools können das Testing unterstützen und dessen Überwachung vereinfachen. Dieses Kapitel zeigt, welche Anforderungen an ein solches Tool zu stellen sind und welche Tools für welche Testing-Tätigkeiten eingesetzt werden können.

Schluss

Kapitel 8	Schlussfolgerungen Im letzten Kapitel wird nochmals zusammengefasst, auf welche Punkte im Rahmen des Testmanagements für IT-Systeme geachtet werden muss.

Als Zusatzleistung ist das Buch mit Kästen ergänzt, die besondere Hinweise enthalten:

Tipps & Tricks

Aufgrund der gesammelten Erfahrungen wird auf bestimmte Punkte hingewiesen, die speziell zu beachten sind. Hier geht es darum, die Ausführungen erfolgreich umsetzen zu können und eventuelle Stolpersteine zu vermeiden.

2   Test-Definitionen & Begriffe

Das Verständnis darüber, wie die Kernbegriffe des Testings definiert werden, ist von zentraler Bedeutung. Zu diesem Zweck werden in diesem Kapitel die gängigen Testing-Begriffe erläutert und so die Grundlage für die weiteren Kapitel gebildet. Zunächst geht es um grundsätzliche Test-Definitionen, also die Frage, welche Zwecke die Testaktivitäten erfüllen.

Die Begriffe werden anhand des üblichen Test-Ablaufes erklärt. Zunächst wird eine Teststrategie bzw. Testmethode definiert. Danach werden die Anforderungen (Requirements) definiert, die das System erfüllen muss. Die entsprechenden Tests zur Prüfung der Anforderungen werden aufgesetzt und durchgeführt. Resultieren aus den Tests Fehler, sind diese durch ein Issue Management zu behandeln und zu lösen. Nach der Lösung des Fehlers ist der fehlgeschlagene Test schließlich nochmals durchzuführen.

Die Abwicklung der Tests erfolgt in einem Kreislauf. Definition, Planung und Durchführung der Tests werden als „never-ending"-Aktivitäten durchgeführt. Hierzu sind der Ablauf und die Rollen zu definieren.

Den Rahmen für diesen Test-Ablauf bildet die Testorganisation mit der Frage der Personalressourcen und der benötigten Infrastruktur, sowie die Testplanung mit der zeitlichen Organisation der Test.

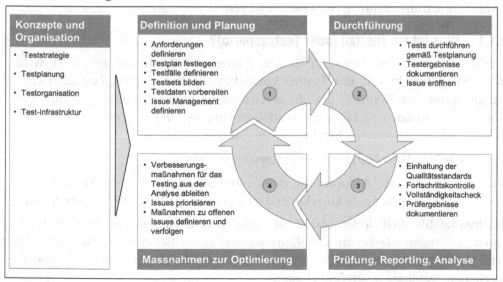

Abbildung 5: Der Testzyklus als Kreislauf

2.1   Grunddefinitionen

In diesem Kapitel werden grundlegende Begriffe erläutert. Es ist wichtig, die Definitionen zu kennen und die Unterschiede zwischen den Begriffen zu meistern. Besonders zentral ist die Unterscheidung von Testfall und Test:

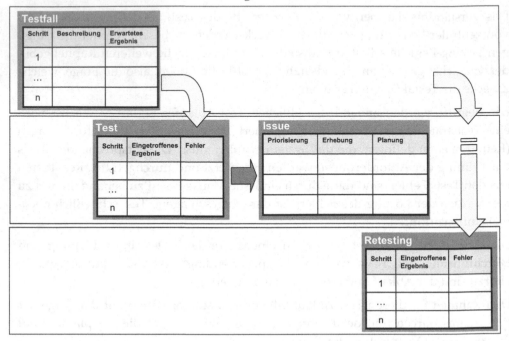

Abbildung 6: Unterscheidung von Testfall und Test

2.1.1   Was ist ein Testfall (oder Testszenario)?

Um den Nachweis erbringen zu können, dass eine Anforderung erfüllt ist, wird ein Testfall konstruiert. Ein Testfall beinhaltet die festgelegten Testdaten (z.B. Kunde X mit dem Konto Y) und die erwarteten Ergebnisse (Buchung xx auf dem Konto Y des Kunden X). Für jeden Testfall ist eine Beschreibung der zu prüfenden Schritte mit den erwarteten Ergebnissen zu erfassen.

Testfälle sollen den folgenden Grundsätzen entsprechen.

Vollständigkeit: Jede Anforderung muss mindestens durch einen Testfall abgedeckt werden, welcher eine korrekte und eine unkorrekte Verarbeitung überprüft.

Nachvollziehbarkeit: Jeder Testschritt muss so beschrieben sein, dass er durch einen „neutralen" Tester durchgeführt werden kann. Bei der Testdurchführung wird die Ausgangslage (z.B. Software-Version, Testdaten sowie Testdaten-Versionen, Database Load) festgehalten.

Wiederholbarkeit: Jeder Testfall basiert auf einer klaren Ausgangslage mit definierten Testdaten und muss demnach wiederholbar sein.

Zur zweifelsfreien Identifikation gehören die folgenden Angaben zu jedem einzelnen Testfall.

Nummer: Jeder Testfall muss durch eine eindeutige Nummer identifiziert werden können.

Testobjekt: Die Komponenten, welche im Rahmen des Tests geprüft werden, sind aufgelistet.

Voraussetzungen: Was muss im Vorfeld des Tests getan werden, um die Durchführung des Tests zu ermöglichen?

Testschritte: Die einzelnen Testschritte sind klar definiert.

Erwartetes Ergebnis: Welches Ziel soll mit dem Test erreicht werden? Wie sieht das erwartete Ergebnis aus?

Prüfpunkte: Was sind die Bedingungen, um von einem Testschritt zum nächsten zu gelangen?

Das nachfolgende Beispiel illustriert anhand einer Kontoeröffnung, wie der Testfall und die einzelnen Testschritte mit erwartetem Ergebnis definiert werden können.

Tabelle 3: Beispiel Testfall im Banking-Bereich

Titel	INT-GF-xx Kontoeröffnung	
Beschreibung	Eröffnung eines Kunden (natürliche Person) via Kundeneröffnungsformular. Eröffnung heißt: Kunde, Konto, Karte, Adresse, Vollmachten, Versandinstruktionen sind im System eingetragen. Die Eröffnung soll schnell vorgenommen werden können. Alle Pflichtfelder sind gekennzeichnet.	
	Testschritte	**Erwartetes Ergebnis**
Schritt 1	Transaktion 'Kundeneröffnung', Arbeitsschritt 'Neuer Auftrag' ausführen. Kundenart 'Kunde - natürliche Person' wählen und Arbeitsschritt ‚Assistent öffnen' ausführen.	Arbeitsschritt 'Assistent öffnen' kann ausgeführt werden. Die Maske ist nun beschreibbar.
Schritt 2	In den einzelnen Arbeitsschritten können alle Felder wie gewünscht ausgefüllt werden.	Arbeitsschritt 'Weiter' kann ausgeführt werden.
Schritt 3	Startmaske wird wieder geöffnet	Arbeitsschritte 'Fortfahren' und 'Erstellen' können ausgeführt werden.

Testschritte	Erwartetes Ergebnis
Arbeitsschritt 'Fortfahren' ausführen (Objekte werden im Hintergrund im Speicherstatus angelegt) Arbeitsschritt 'Erstellen' ausführen (Objekte werden definitiv angelegt)	Kunde, Konto und Depot sind eröffnet.

2.1.2   Was ist ein Test?

Ein Test dient dazu, den Nachweis zu erbringen, dass eine Funktionalität innerhalb eines IT-Systems korrekt abgewickelt werden kann. **Er entspricht der Durchführung eines Testfalls** durch den Tester, welcher hierzu Testdaten verwendet.

Für jeden durchgeführten Test sind folgende Angaben festzuhalten:

- **Testperson**: Wer hat den Test durchgeführt?
- **Datum/Uhrzeit**: Wann ist der Test durchgeführt worden?
- **System**: Auf welchem System wurde der Test durchgeführt?
- **Erfolgskriterien**: Wann gilt ein Test als erfolgreich abgeschlossen?
- **Eingetroffenes Ergebnis**: Welches Ergebnis hat der Test gebracht? Beschreibung von allfälligen Unterschieden vom erwarteten Ergebnis.
- **Arbeiten nach Testdurchführung**: Erfassung eines Issues, falls ein Fehler aufgetaucht ist.

All diese Angaben dienen dazu, die Ergebnisse nachvollziehen zu können. Nur so kann der Entwickler den Fehler reproduzieren und die Fehlerursache feststellen, um diese dann beseitigen zu können. Es kann aber auch sein, dass die Anforderung besser definiert werden muss.

Tests erbringen den Nachweis, dass die Anforderungen richtig umgesetzt wurden. Wird ein Test nicht oder nur oberflächlich durchgeführt, so entsteht dadurch ein Risiko, dass die zu testende Funktion im produktiven Einsatz Fehler aufweist.

Die Intensität des Testing nimmt mit zunehmender Dauer zu, da mit steigender Entwicklungszeit immer mehr Anforderungen zur Verfügung stehen, die getestet werden können. Zum Testing von neuen Funktionalitäten kommen auch die Wiederholungen von fehlgeschlagenen Tests (Retesting) hinzu. In der folgenden Abbildung wird die Testintensität, die durch die Anzahl durchgeführter Tests gemessen wird, in Verbindung zu dem Entwicklungszustand des IT-Systems dargestellt. Um die Kurven zu vereinfachen, wurde eine lineare Systementwicklung mit regelmäßigen verfügbaren Bausteinen vorausgesetzt.

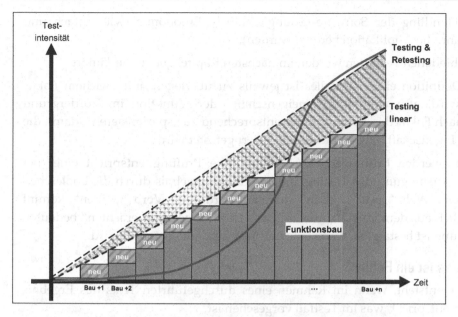

Abbildung 7: Testintensität in Beziehung zur Systementwicklung

Tipps & Tricks

Testing beginnt versetzt (mit „Verspätung") und ist immer intensiver als ursprünglich geplant. Bei der Planung ist insbesondere zu berücksichtigen, dass neben den eigentlichen Tests auch das Retesting Zeit und Ressourcen benötigt. Dies entspricht der „S" Kurve in der Abbildung 7.

2.1.3 Welche verschiedenen Tests gibt es?

Es wird zwischen einer Vielzahl verschiedener Testarten unterschieden. Zwölf davon werden in diesem Buch ausführlich erläutert, gegliedert nach drei Gruppen:

Applikationsbezogen
- Functional Unit Test
- Smoke Test
- Integrationstest
- Abnahmetest
- Negativtest
- Regression Test
- End-to-End Test

Infrastrukturbezogen
- Performance/Last-/ Massentest
- Failover Test
- Spezialtest
- Penetration Test

Userbezogen
- "Freies" Testing

Applikationsbezogene Testarten überprüfen in erster Linie die Funktionalität der Software, während infrastrukturbezogene Testarten in erster Linie auf die Hardware zielen. Userbezogene Testarten fokussieren hingegen auf den Anwender und auf das Handling der Software-Lösung, inklusiv Ergonomie (wie einfach und schnell kann die Applikation benutzt werden).

Die verschiedenen Testarten werden im nächsten Kapitel genauer erläutert.

Bei der Definition eines Testfalles ist jeweils zu überlegen, mit welchem Fokus getestet wird, also welche Systemeigenschaft oder -Funktion im Vordergrund steht. Je nach Fokus des Tests ist dieser entsprechend zu „spezialisieren", damit die gewählte Eigenschaft bzw. Funktion fokussiert getestet wird.

Zusätzlich werden Prüfungen durchgeführt. Die Prüfung entspricht einer bestimmten Ausprägung des Testing, indem das Testergebnis durch die booleschen Konstanten „Wahr" und „Falsch" definiert wird. Das Verb „prüfen" kommt ursprünglich aus dem Latein „probare", was „für gut/geeignet erachten" bedeutet. Eine Prüfung ist bestanden, wenn eine Leistung als „gut" beurteilt wird.

2.1.4 Was ist ein Fehler?

Ein Fehler entsteht, wenn im Rahmen eines durchgeführten Tests das Ergebnis nicht dem entspricht, was im Testfall vorgesehen ist.

Tabelle 4: Beispiel Fehler im Banking-System

Beschreibung	Wenn der Kunde rote Einzahlungsscheine bestellt, kann im Feld „Zahlungszweck" ein Text von drei Zeilen à 27 Zeichen hinzugefügt werden. Beim Absenden ist eine Validierung vorzunehmen, ob die zulässige Anzahl Zeichen überschritten wurde, und allenfalls erscheint eine Fehlermeldung.		
	Testschritte	**Erwartetes Ergebnis**	**Tatsächliches Ergebnis**
Schritt 1	Das Bestellformular für rote Einzahlungsscheine wird geöffnet.	Das Bestellformular öffnet sich.	Das Bestellformular öffnet sich.
Schritt 2	Im Feld „Zahlungszweck" wird ein Hinweistext eingegeben.	Es wird ein Hinweis angezeigt, worin maximal drei Zeilen à 27 Zeichen eingegeben werden können. Wird die zulässige Anzahl Zeichen überschritten, wird eine Fehlermeldung ausgegeben.	*Fehler:* Die Eingabe wurde ohne Validierung zugelassen. Dadurch können mehr Zeichen eingegeben werden, als abgedruckt. Eine Fehlermeldung erfolgte nicht.

Tipps & Tricks

Aus Fehlern lernen! Fehler sind gute Informationsquellen, um relevante und spezifische Testfälle zu definieren.

2.1.5   Was ist eine Testkampagne? Eine Testphase?

Die Durchführung von Tests setzt gewisse Rahmenbedingungen voraus. IT-Testsysteme und entsprechende Testdaten müssen vorhanden sein. Die Tester müssen auch in der Lage sein, die Tests durchzuführen. D.h. Testfälle sind beschrieben und die erstellten Bausteine der Systementwicklung werden zur Verfügung gestellt.

Aufgrund der Systemkomplexität und der Planungseinschränkungen macht es Sinn, die Durchführung der Tests zu gruppieren. Auf die Zeitachse wird dieses Bündel von Tests an einem vordefinierten Zeitpunkt geplant. Damit werden Testkampagnen für die Durchführung verschiedener Tests in einem bestimmten Zeitfenster aufgesetzt.

Eine Testphase bezeichnet alle Testing-Aktivitäten über einen längeren Zeitraum und beinhaltet mehrere Testkampagnen.

Damit werden die Testaktivitäten in einer „geschachtelten" Aggregationsskala, wie eine russische „Babuschka-Puppe", dargestellt.

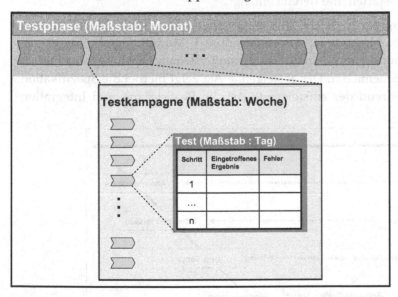

Abbildung 8: Verschachtelte Testaktivitäten und entsprechende Zeitskalen

2.2   Konzepte und Organisation

Vor der Abwicklung von Testaktivitäten müssen verschiedene Aspekte konzipiert werden. Diese sollen eine Antwort zu den folgenden Fragen liefern:

- Welche Teststrategie?
- Wie sieht die Testplanung aus?
- Welche Testorganisation?
- Wie ist die Schulung der Tester sichergestellt?
- Was für eine Test-Infrastruktur?

Diese Punkte werden in den folgenden Absätzen erklärt.

2.2.1   Teststrategie

Die Teststrategie wird normalerweise in einem Dokument zusammengefasst (auch **Teststrategie** oder **Testkonzept** genannt). In der Regel wird die Implementierung der verschiedenen Anforderungen mit einem mehrstufigen Vorgehen getestet. Dementsprechend wird die sukzessive Steigerung der Systemintegration durch unterschiedliche Teststufen abgedeckt. Zuerst werden einfache Tests und später komplexe Testfallketten durchgeführt. Diese Vorgehensweise bringt den Vorteil, dass bereits früh mit dem Testen begonnen werden kann und so einfacher Fehler früh entdeckt werden können. Die Teststrategie erzielt dann eine klare Festlegung der vorgesehenen Testarten und deren Umfang.

Es ist von Vorteil, wenn eine solche Strategie einem schematischen Modell obliegt. Eine sehr verbreitete Methode ist das so genannte **V-Modell**. Dieses Vorgehensmodell stellt die Planung und Durchführung von Systementwicklungsprojekten in einem V-förmigen Schema dar. Der absteigende Ast zeigt hierbei die Spezifikation und Zerlegung, während der aufsteigende Ast die Realisierung und Integration darstellt:

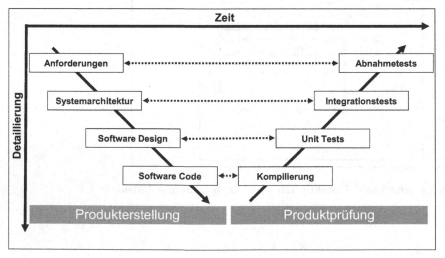

Abbildung 9: Schematische Darstellung des V-Modells

Das V-Modell zeigt den Einfluss der ursprünglichen Anforderungen auf das End-
produkt. Es stellt die Beziehung zwischen den einzelnen Schritten der Produkt-
erstellung (linke Seite) und der Produktprüfung (rechte Seite) dar.

Tabelle 5: Beschreibung der einzelnen Schritte des V-Modells

Produkt-Erstellung	Produkt-Prüfung
Anforderungen: Als erster Schritt der Erstellung wird definiert, welche Anforderungen das neue Produkt erfüllen muss.	**Abnahme-Tests**: Es wird getestet, ob alle zu Beginn definierten Anforderungen vom Produkt erfüllt werden.
System-Architektur: Anschließend werden die zur Verfügung stehenden Hardware-Ressourcen definiert, auf die über das Netzwerk zugegriffen werden kann.	**Integrationstests**: Die Software-Module werden im Zusammenspiel auf die System-Architektur getestet.
Software-Design: Ausgehend von den oben definierten Voraussetzungen wird die Software-Lösung geplant und als Entwurf in strukturierter Form dargestellt.	**Unit Tests**: Die einzelnen Software-Module werden isoliert auf ihre Funktionalität getestet.
Software-Code: Das skizzierte Software-Design wird nun umgesetzt und in Form von Programmcode geschrieben.	**Kompilierung**: Der geschriebene Programmcode wird von der Quelltextsprache in Maschinensprache übersetzt, damit das IT-System ihn verarbeiten kann.

Tipps & Tricks

Eine reichliche Literatur steht über das „V" Modell zur Verfügung.
Hier einige interessante Links:

KBSt: http://www.v-modell-xt.de/

ANSSTAND e.V.: http://www.ansstand.de/verein.html

Das V-Modell setzt voraus, dass alle nötigen Anforderungen am Anfang der Entwicklung präzis und vollständig bekannt sind. Es stellt sich dann die Frage, was
passiert, wenn diese Anforderungen im Laufe der Zeit sich ändern und durch Erweiterungen komplexer werden. Aufgrund der steigenden Volatilität der Erfor-
dernisse und des für die Entwicklung zunehmenden Zeitdrucks wurden neue Methoden ausgeführt. Anbei eine Liste der Möglichkeiten, um die Softwareentwicklung beschleunigen zu können.

Tabelle 6: Mögliche Entwicklungsmodelle

Name	Merkmale	Produkt/Anwendungsgebiet
Spiralmodell	Pro Zyklus wird entschieden wie weiter: Die Risikobetrachtung spielt eine bedeutende Rolle hoher Management-Aufwand	Große Softwareprojekte
Inkrementelles Modell	Alle Anforderungen müssen bekannt sein und priorisiert werden Anforderungen können sich noch ändern Iterativer Durchlauf durch die nachfolgenden Phasen	Implementierung eines ERP Systems
Evolutionäres Modell	Anforderungen nur teilweise festgelegt Beginnt mit den Teilen, die dem Kunden mit dem geringsten Aufwand den größten Nutzen bringen Erstellung, Auslieferung und Auswertung sukzessiver Versionen Erfordert starke Kommunikation zwischen Entwickler und Anwender	SW Produkte, wo verschiedene Versionierungen geliefert werden (Version 1 mit den wichtigsten Anforderungen, Version 2 ersetzt Version 1 und bietet mehr Funktionalitäten an, Version 3 …)
Prototyp	Anforderungen nicht vollständig bekannt Kurze Entwicklungszeit Enge Zusammenarbeit nötig Hoher Anpassungsgrad der Entwicklung an die neuen Anforderungen	Prototypen „Throw-away"-Lösung mit kurzer Entwicklungszeit Pilotsystem (vor Rollout) Prüfung der Anforderungen

2.2.2 Testplanung

Die Planung der Tests stellt eine zentrale Aufgabe dar, da viele logistische Aspekte wie die Lieferung der Software-Entwicklung, die Verfügbarkeit der Testsysteme oder die Bereitschaft der Tester berücksichtigt werden sollen.

Um diese Herausforderung organisatorisch lösen zu können, ist es von Vorteil, Zeitfenster für das Testwesen im Voraus zu planen. Dieser starre Testplan, der wie ein Korsett die Entwicklungsteams unter Zeitdruck setzt, soll dennoch zeitliche Flexibilität anbieten. Es ist deswegen empfohlen, Zeitphasen und Testkampagnen früh zu definieren. Dafür können die einzelnen durchzuführenden Tests erst kurz vor einer Testkampagne festgelegt werden.

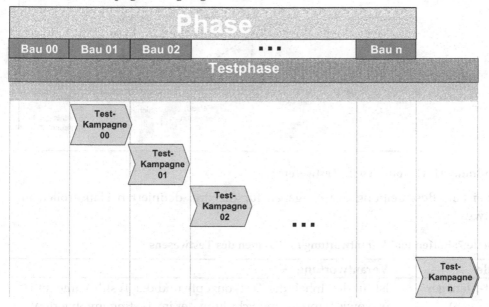

Abbildung 10: Planungsvorgehensweise im Testwesen

Es muss sichergestellt werden, dass die pro Testphase vorgesehenen Tests effektiv durchgeführt werden. Wichtig ist auch, festhalten zu können, dass ein Test erfolgreich gelaufen ist. Aufgrund des hohen Koordinationsaufwands und der Notwendigkeit eines gemeinsamen Reportings über die Testfortschritte und über die festgehaltenen Issues ist es absolut notwendig, dass alle Tester innerhalb eines Projektes sich an den Testablauf halten.

Tipps & Tricks

Bitte nicht vergessen, dass das Testwesen zum Stand der Software-Entwicklung zeitlich versetzt ist. Es können nur die Funktionalitäten, die schon bereits funktionsfähig sind, getestet werden.

2.2.3 Testorganisation

Um eine reibungslose Durchführung der Tests sicherzustellen, muss eine dedizierte Organisation aufgesetzt werden. Einerseits müssen die Tests durch die Tester durchgeführt, anderseits müssen auch alle logistische Rahmenbedingungen gewährleistet werden. Aus diesem Grund wird es zwischen drei Hauptrollen im Testwesen unterschieden: Test-Manager, Test-Verantwortlicher und Tester.

Die verschiedenen Schwerpunkte dieser drei Rollen können anhand der Testkette dargestellt werden.

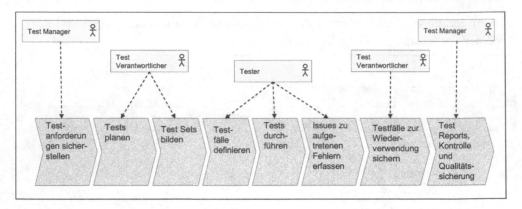

Abbildung 11: Hauptrollen im Testwesen

Anbei eine Beschreibung der Aufgaben für die drei definierten Hauptrollen im Testwesen.

Tabelle 7: Rollen und Verantwortung im Rahmen des Testwesens

Rolle	Verantwortung
Test-Manager (1 Person)	Ist für den Inhalt der Testkonzepte und der Testdokumentation sowie Support und Schulung der im Testing involvierten Mitarbeiter zuständig.
	Ist für die Konfiguration, Schulung und Support eines Testmanagement Tools verantwortlich.
	Initiiert und koordiniert die Erstellung der übergreifenden Integrationstests.
	Definiert den übergeordneten Testplan zusammen mit den Test-Verantwortlichen.
	Erstellt das Testreporting.
	Ist für die Durchsetzung der Standards im Testwesen verantwortlich.
Test-Verantwortlicher (1-10 Personen)	Gruppiert die notwendigen Testfälle zu Test Sets, z.B. pro Tester wird ein Test Set gebildet.
	Betreut die Tester bezüglich fachlicher Fragen.
	Stellt sicher, dass ein Test durchgeführt werden kann (Testdaten vorhanden, Umsysteme verfügbar,…).
	Prüft die Relevanz und Qualität der benutzten Testfälle.
Tester (mehrere Mitarbeiter, je nach Umfang mehrere hunderte Personen)	Definiert und beschreibt den Testfall (oder die Testfälle), in Zusammenarbeit mit den Fachkollegen.
	Ist für die Testdurchführung von A bis Z.
	Dokumentiert die Testergebnisse.
	Erstellt Issues zu den während dem Testen aufgetretenen Fehlern.
	Schließt den Test ab.

Es ist dann möglich, den Testablauf generisch darzustellen:

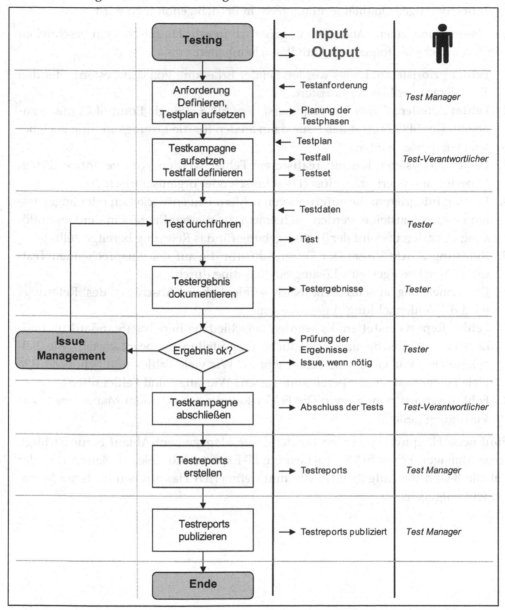

Abbildung 12: Generischer Testablauf

Der generische Testablauf weist auf einen weiteren Prozess namens „Issue Management". Das Issue Management regelt die Handhabung von Fehlern, welche Abweichungen zum gewünschten Verhalten darstellen. Ziel des Issue Managements ist es, die Fehler effizient gelöst zu bekommen, damit die neue Systemlandschaft in einer hochwertigen Qualität termingerecht in Betrieb genommen wird.

Der Issue Management-Ablauf kann generisch in acht Hauptschritten beschrieben werden, welche die folgenden Aktivitäten beinhalten:

1. **Fehler priorisieren**: Issues werden bei der Erfassung von den Testern oder den Test-Verantwortlichen priorisiert.
2. **Fehler zuteilen**: Fehler werden zuerst dem SPOC (Single Point of Contact) zugeteilt. Der SPOC reicht das Issue dann an den für die Lösungsfindung geeigneten IT-Experten weiter.
3. **Fehler analysieren/Lösung realisieren**: Fehler werden vom verantwortlichen Experten analysiert und gelöst (IT-technisch oder organisatorisch).
4. **Lösung integrieren**: die aufgrund von Fehlern neu entwickelten oder angepassten Lösungsbausteine werden nach einem definierten Prozess in der Gesamtlösung integriert und auf der Testumgebung für das Retesting bereitgestellt.
5. **Retesting durchführen**: Der Tester führt für die auf der entsprechenden Testumgebung bereitgestellte Lösung ein Retesting durch.
6. **Fehlermeldung abschließen**: Nach erfolgreichem Abschluss des Retestings wird die Fehlermeldung abgeschlossen.
7. **Fehler-Reports erstellen**: Es werden verschiedene Berichte (Standard und ad-hoc) erstellt, welche unterschiedliche Fragestellungen beantworten, wie beispielsweise: Wie viele neue Fehler gibt es? Wie viele Fehler sind behoben? Wie viele Fehler sind wieder bereit zum Testen? Wie lange sind Fehler offen?
8. **Fehler-Reports publizieren**: Die Fehler-Reports werden dem Management zur Verfügung gestellt.

Fünf neue Hauptrollen werden für den Issue Management-Ablauf berücksichtigt: Issue Manager, Fehler-SPOC, Fachexpert, IT-Experte und Release Manager. In der Tabelle 8 sind die Aufgaben für die fünf definierten Hauptrollen im Issue Management aufgelistet.

Tabelle 8: Rollen und Verantwortung im Issue Management

Rolle	Verantwortung
Issue Manager (1 Person)	Beurteilung der formellen Qualität von Fehlern
	Beurteilung der Issue-Severity (eventuelle Rücksprache mit Tester, Fach und SPOC), evtl. Neupriorisierungen definieren
	Bei Reject „Ping-Pong" bilateral aufgreifen. Wenn keine Konfliktlösung bilateral möglich, dann Eskalation ans Management
	Tracking der Issues
	Erstellung und Publikation von Fehler-Reports
Fehler SPOC (1 Person pro Bereich oder Projektteam)	Beurteilung inhaltlicher Qualität der Fehler
	Weitergabe der Fehlermeldung an einen entsprechenden IT-Experten
	Bearbeitung und Lösung von „Rejected Issues"
Fachexperte (mehrere Mitarbeiter)	Analyse der zugeteilten Fehler
	Umsetzung einer passenden Lösung
IT-Experte (mehrere Mitarbeiter)	Analyse der zugeteilten Fehler
	Entwicklung und Umsetzung einer passenden IT-Lösung
Release Manager (1-5 Personen)	Durchführung der Releases
	Planung und Überwachung der notwendigen technischen Schritte zur Einspielung der Systemänderungen
	Information an Test Management über den Stand der entsprechenden IT-Systemen (was wurde eingespielt und was nicht)

Es ist dann möglich, den Issue Management generisch darzustellen:

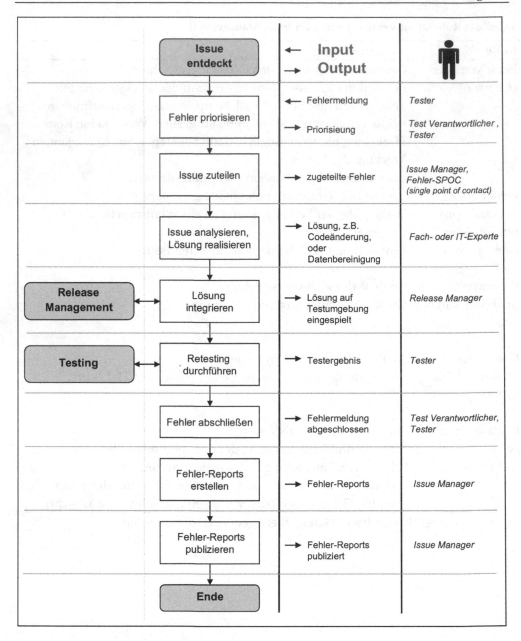

Abbildung 13: Issue Management Ablauf

Anhand dieser Darstellung wird auch klar, wie viele Abhängigkeiten berücksichtigt werden müssen.

2.2.4 Testinfrastruktur

Wie das Beispiel des Bebauungsplans eines Systemverbunds zeigt, spielt die IT-Infrastruktur eine ganz wichtige Rolle. Eine gute Kenntnis der verschiedenen Systeme und eine sorgfältige Planung unter Berücksichtigung der nötigen Lieferzeit von IT-Komponenten stellen Schlüsselfaktoren für ein erfolgreiches Testwesen dar.

Ein erstes Element der Definition der Test-Infrastruktur stellt die Eigenschaft der IT-Systeme dar. Je nach Größe und Wichtigkeit des IT-Systems wird eine entsprechende komplexe und teure Systemumgebung aufgesetzt, oder nicht. Anbei vier mögliche Varianten:

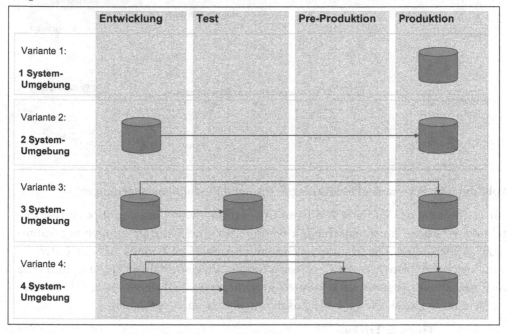

Abbildung 14: Mögliche Ausprägungen eines IT-Systems

Eine mehrstufige Architektur wird angeboten, um die verschiedenen Integrationsaspekte eines IT-Systems adressieren zu können. Für ein komplexes ERP-System wird zuerst eine Entwicklungsumgebung zur Verfügung gestellt. Je nach Systemausprägung kann diese Umgebung aus mehreren Teilen, so genannten **Instanzen**, bestehen, die insbesondere eine Parallelisierung der Systementwicklung ermöglichen. Es ist aber von Vorteil, wenn dafür nur eine einzige Testumgebung zur Verfügung gestellt wird. Damit können die Integrationsaspekte so nah wie möglich an der Realität reproduziert werden. Auch eine Testumgebung kann in der Tat mehrere Instanzen beinhalten. Zum Beispiel eine Instanz, um Smoke Tests durchzuführen, bevor Systemänderungen auf die Haupttestinstanz eingespielt werden. Es ist sicherlich noch empfehlenswert eine Sicherheitskopie zu organisieren. Bei komplexeren Vorgehensweisen wird sogar eine preproduktive Umgebung aufgesetzt, damit zum Beispiel das Produktivsetzen eines neuen IT-Systems geübt werden kann.

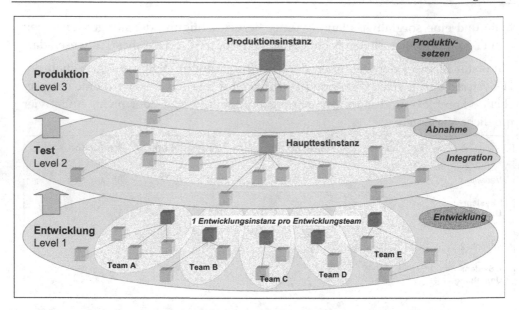

Abbildung 15: Schema der Entwicklungs-, Test- und Produktionsumgebungen

Für IT-Systeme der Variante 2, die nur über eine Entwicklungs- und/oder Testumgebung verfügen, muss entschieden werden, ob eine 3-stufige Umgebung aufgesetzt werden muss. Die Mängel an Systemverfügbarkeit können bei der Entwicklung und beim Testwesen zu Engpässen führen. Eine sorgfältige Planung und eine vertrauensvolle Abstimmung können glücklicherweise Interessenskonflikte vermeiden, ohne Extrakosten für die Zusatzumgebung zu verursachen.

Tipps & Tricks

Für Drittsysteme, die nicht in eigener Hand verwaltet werden können, muss man so rasch als möglich die Systemadministratoren über die Testaktivitäten informieren. Man kann nicht davon ausgehen, dass die entsprechende Testinfrastruktur zur Verfügung gestellt wird (z.B. wegen Wartungsfenster oder Benutzung der Testsysteme durch andere Partner).

2.3   Definition und Planung

Um Tests erfolgreich durchführen zu können, spielt die Vorbereitung eine wichtige Rolle. Folgende Punkte müssen für das ganze Test-Team kristallklar sein:

- **Anforderungen**: welche Anforderungen müssen für das Testing erfüllt sein?
- **Testplan**: wie sieht die Planung der Tests aus? Wie verbindlich?
- **Testfälle**: wie werden diese definiert?
- **Test Sets**: wie werden die Tests durchgeführt?
- **Testdaten**: mit welchen Daten werden die Tests durchgeführt?
- **Issue Management**: was passiert mit den Fehlern, die entdeckt werden?

Auf diese Punkte muss das Team achten, bevor mit dem Testen begonnen wird. Es ist von Vorteil, eine Schulung zu diesem Zweck zu organisieren.

2.3.1 Anforderungen definieren

Die Anforderungen bilden die Basis für die Erstellung der Testfälle. Es wird zwischen den folgenden Anforderungstypen unterschieden:

Geschäftsfall: Geschäftsfälle beschreiben die Tätigkeitsfelder aus einer Business-Sicht und werden über eine Prozessstruktur gegliedert. Geschäftsfälle beschreiben, „was" getan wird.

Ein Geschäftsfall:

- charakterisiert einen Arbeitsablauf,
- wird normalerweise in einem Arbeitsgang erledigt,
- ist aus fachlicher Sicht in sich abgeschlossen,
- beinhaltet eine „vernünftige" Anzahl von Verarbeitungsschritten und
- kann mehrere Personen bzw. Systeme involvieren.

Die Geschäftsfälle definieren den Umsetzungsumfang und sind Aufhänger für weitergehende Analysen und Konzepte. Sie bilden kleine Bausteine, die zu einem Prozess gehören.

Output: Generierte Dokumente, wie z.B. Avis, Auszüge, Belege, Formulare, Periodika, Vordruck oder Listen. Diese werden außerhalb der Bank (z.B. an Kunden) verschickt und sind daher sehr wichtig.

Schnittstellen: Anforderungen an die Schnittstellen zwischen dem neuen IT-System und entsprechenden Um- und Drittsystemen.

Batch-Jobs: Batch-Jobs sind wiederkehrende Kommandofolgen, die ohne Benutzerinteraktion ausgeführt werden. Diese werden vor allem während der Nacht durchgeführt und müssen aufgrund von zahlreichen Abhängigkeiten sorgfältig geplant werden.

Datenmigration: Migrierte Altdaten aus den Quellsystemen in eine neue Datenstruktur des Zielsystems.

Nichtfunktionale Anforderungen: Bedingungen, unter denen eine Funktionalität zu erbringen ist, z.B. Performance, Sicherheit oder Verfügbarkeit.

Tipps & Tricks

Die Definition der Anforderungen sollte vor Beginn der Umsetzung vollständig erfolgen. Dennoch lassen sich erfahrungsgemäß Änderungen nicht ausschließen. Dies sollte bei der Planung berücksichtigt und geregelt werden.

Jede Anforderung wird einer von vier Geschäftskritikalitätsklassen zugeordnet.
Die Geschäftskritikalitätsklassen können wie folgt definiert werden.

Tabelle 9: Kritikalität der Anforderungen

Geschäftskriti-kalitätsklasse	Eigenschaften der Anforderungen in der entsprechenden Klasse	Bedeutung für Going-Live
3 Hohe Kritikalität	hohes Transaktionsvolumen hoher Automatisierungsgrad, manuelle Arbeiten sind nur in Ausnahmefällen zulässig keine Work-arounds und Fallback-Szenarien vorhanden viele Kunden sind direkt betroffen, Qualität der Umsetzung des Requirements wird von Kunden direkt wahrgenommen (z.B. Output) hohe Anzahl von Abhängigkeiten zu anderen kritischen Anforderungen (Requirement A ist kritisch, weil es notwendige Voraussetzung für kritisches Requirement B ist) hoher Einfluss auf den Erfolg des Unternehmens hohes Reputationsrisiko für das Unternehmen	Dieses Requirement muss zum Going-Live-Termin mit minimaler Fehlerquote realisiert und produktiv verfügbar sein. → „NO GO"-Kriterium: Umsetzung zwingend erforderlich
2 Mittlere Kritikalität	mittleres Transaktionsvolumen mittlerer Automatisierungsgrad, manuelle Arbeiten sind verstärkt zulässig Work-arounds und Fallback-Szenarien sind vorhanden mittlere Anzahl von Abhängigkeiten zu anderen kritischen Requirements mittlerer Einfluss auf den Erfolg des Unternehmens mittleres Reputationsrisiko für das Unternehmen	Dieses Requirement muss mit minimaler Fehlerquote realisiert und produktiv verfügbar sein.

Geschäftskriti-kalitätsklasse	Eigenschaften der Anforderungen in der entsprechenden Klasse	Bedeutung für Going-Live
1 Niedrige Kritikalität	geringes Transaktionsvolumen geringer Automatisierungsgrad, überwiegend manuelle Arbeiten sind zulässig Work-arounds und Fallback-Szenarien sind vorhanden geringe Anzahl von Abhängigkeiten zu anderen kritischen Requirements	Dieses Requirement muss erst nach mehr als drei Monaten nach Going-Live-Termin mit minimaler Fehlerquote realisiert und produktiv verfügbar sein. → Work-around auch länger als drei Monate möglich
0 Keine Kritikalität	optional keine direkte Systemunterstützung notwendig	Keine Relevanz für Going-Live

Beim Testing wird vor allem sichergestellt, dass die Anforderungen, welche einer hohen Geschäftskritikalitätsklasse zugeordnet sind, getestet werden.

Tipps & Tricks

Die Beschreibung von Anforderungen ist oft ungenau und kann dadurch zu Missverständnissen führen. Hilfreich ist es hier, ein kleines Regelwerk aufzustellen, welches die Anforderungen umschreibt.

Beispiele:

[Systemname] soll [Systemhandlung] => *Das System soll die Testresultate automatisch per E-Mail an alle Test-Verantwortlichen senden.*

Wenn [Voraussetzung], soll [Systemname] [Systemhandlung] => *Wenn eine externe Zahlung eingeht, soll das System sie auf dem richtigen Konto verbuchen.*

Tabelle 10: Anforderungen, Beispiele aus dem Bankbereich

Anforderungstyp	Beispiel
Geschäftsfall	Kunde mutieren: Adress-, Partnerstamm- und Versandangaben aktualisieren. eBanking-Zahlung: Der Kunde erteilt einen Zahlungsauftrag im Online Banking. Die Zahlung wird korrekt ausgeführt. Kreditberatung: Es wird ermittelt, welchen Kredit-Bedarf ein Kunde hat.
Schnittstelle	Kundenkarte: Der Auftrag zur Herstellung einer Kundenkarte wird übermittelt.

Anforderungstyp	Beispiel
	Kreditprüfung: Die externe Bewertung der Kreditwürdigkeit eines Kunden wird importiert und angezeigt.
Job	Dauerauftrag: Es werden alle Daueraufträge mit Datum von heute ausgelöst.
	Gebühren: Die fällige Jahresgebühr für eine Debitkarte wird dem Kundenkonto belastet.
Output	Kontoauszug: Der monatliche Kontoauszug wird korrekt erstellt und versandt.
	Kapitalmarkt: Dem Kunden wird angezeigt, dass er eine Dividendenausschüttung erhalten hat.
Datenmigration	Kunden: Alle Kunden werden korrekt in das neue System migriert.
	Darlehen: Die Zinskonditionen für gewährte Darlehen werden richtig übernommen.
Nichtfunktionale Anforderung	Performance: Die Auszahlung ab Kundenkonto am Kassen-Terminal erfolgt innerhalb von 10 Sekunden.
	Verfügbarkeit: Das Notfallszenario im Falle eines Failovers greift.

2.3.2 Testplanung

Bevor Tests durchgeführt werden, soll ein zeitlicher Rahmen definiert werden. Es ist von Vorteil, wenn so genannte Testphasen definiert werden. Diese entsprechen eigentlich den Projektphasen, wenn die Testaktivitäten im Rahmen eines Projektes abgewickelt werden. In der folgenden Abbildung wird ein Beispiel gegeben. Drei Projektphasen sind berücksichtigt: Realisierung, Einführung und Optimierung.

Während der Realisierungsphase wird das IT-System gebaut. Dementsprechend wird ein erster Balken definiert, wo die Parametrierungsaktivitäten und die entsprechenden Functional Unit-Tests vorgesehen sind. Ein Entwicklung-Freeze ist auch aus einer einfachen Beobachtung vorgesehen. Da das Testing versetzt stattfindet und da Zeit noch gebraucht wird, um die Fehler oder Bugs zu lösen, muss die Entwicklung frühzeitig fertig sein, um danach die Stabilität des neuen Systems gewährleisten zu können. In der vorgeschlagenen Planung soll das Integration Testing auf einer Testumgebung parallel stattfinden. Der Vorteil dieser Planung liegt in der Tatsache, dass die groben Fehler möglichst früh entdeckt werden.

Zwischen Realisierung und Einführung finden die Abnahmetests statt, welche sich in der vorgeschlagenen Planung mit den Integration Tests überlappen. Dies stellt für das Projekt einen kritischen Zeitpunkt dar, wo im Prinzip die Teams den Arbeitsmodus von „neu bauen" zu „für das Bestehende Qualität sicherstellen" wechseln müssen.

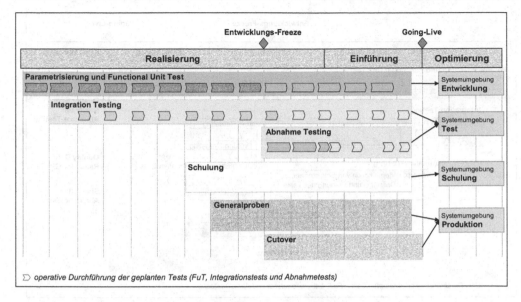

Abbildung 16: Generische Testplanung im Rahmen eines IT-Projektes

Neben Testaktivitäten müssen weitere Arbeitspakete berücksichtigt werden. Schulung zum Beispiel und alle Aktivitäten, die für das Produktivsetzen nötig sind (in der Grafik als Generalproben und Cutover gekennzeichnet).

Am Ende einer Testphase soll ein „Quality Gate" definiert werden, welcher die Meilensteine im Projektablauf darstellt, bei denen anhand der vorab definierten Erfüllungskriterien über die Freigabe der nächsten Projektphase entschieden wird.

In der vorliegenden Planung sind zwei Quality Gates vorgesehen: Quality Gate „Ready for Abnahme-Testing" und Quality Gate „Ready for GP".

Quality Gate „Ready for Abnahme-Testing"

Folgende Kriterien können benutzt werden, um den Erfüllungsgrad der geleisteten Arbeit zu messen:

- 95% der definierten Anforderungen wurden mindestens einmal getestet
- 100% der nötigen Testfälle stehen zur Verfügung
- 90% der fehlgeschlagenen Tests beinhalten eine Fehlermeldung

Quality Gate „Ready for GP"

Bei dieser Quality Gate werden die Qualitätsmerkmale anspruchsvoller:

- 100% der definierten Anforderungen wurden mehrmals getestet
- 80% der kritischen Anforderungen funktionieren fehlerfrei
- Es sind weniger als z.B. 200 kritische Fehler im System, die das Go-Live behindern.

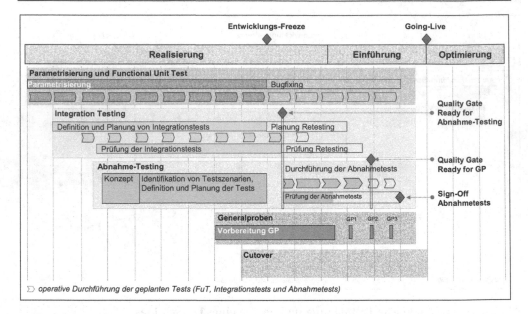

Abbildung 17: Planung der Quality Gates am Ende einer Testphase

Tipps & Tricks

Ist ein Quality Gate nicht erreicht, heißt es nicht, dass das Projekt ge-
stoppt werden soll. Das Management muss darüber informiert werden
und über die kritische Lage bewusst handeln, z.B. eine Verschiebung
des Go-Live-Datums in Betracht ziehen, zusätzliche Ressourcen in
einem kritischen Bereich bewilligen oder potentielle negative Auswirkungen bei Kunden im Voraus mitteilen.

2.3.3   Definition der Testfälle und Bildung von Testsets

Die Definition der Testfälle ist maßgebend für die Qualität des Testwesens. Testfälle sollen mit Anforderungen verlinkt werden. Entweder in einer 1:1-Beziehung
oder es ist auch möglich, dass ein Testfall mehrere Anforderungen abdeckt. Wie in
der unteren Abbildung dargestellt, wird ein Testfall das korrekte Generieren eines
Outputs via Schnittstelle mit einem Batch-Job prüfen.

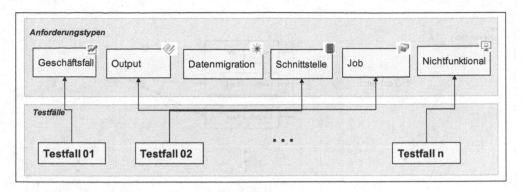

Abbildung 18: Beziehung zwischen Anforderungen und Testfällen

Anbei eine Checkliste für die Testfallerstellung:

- Verstehe ich den Test in einem halben Jahr noch?
- Kann ein anderer Tester – fachliches und bankenkernsystembezogenes Knowhow vorausgesetzt – den Test durchführen?
- Sind die erwarteten Ergebnisse konkret benannt?
- Sind die Testschritte und das Testziel konsistent? Teste ich mit den Testschritten, die ich mir vorgenommen habe?
- Sind die Testdaten & Umsysteme identifiziert?
- Wurde Verknüpfung mit dem Requirement erstellt?
- Ist die Risikoeinstufung mit der von anderen Testfällen konsistent?
- Welche Negativ-Tests gibt es, in denen das System Vorgänge ablehnen muss (Beispiel: gesperrtes Konto bei Buchungsvorgang)? Negativ-Tests bekommen eigene Testfälle!
- Welche unterschiedlichen Testfall-Varianzen muss ich abdecken? D.h. bei identischen Testschritten unterschiedliche Eingabe- und Ausgabewerte.
- Wurden Querthemen berücksichtigt (z.B. Gebühren)?

Es wird empfohlen, gezielte und kurze Testfälle zu definieren. Damit kann die Testdurchführung vereinfacht und das Retesting flexibler gestaltet werden.

 Tipps & Tricks

Ein Testfall soll nicht mehr als 10 Schritte beinhalten.

Die Testfälle werden dann in Test Sets gruppiert. Verschiedene Möglichkeiten bieten sich an. Entweder nach Funktionsgebiet oder nach Tester, wie unten dargestellt.

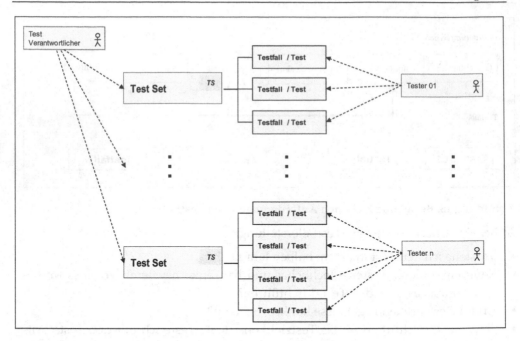

Abbildung 19: Bildung der Test Sets nach Tester

2.3.4 Vorbereitung der Testdaten

Damit die durchzuführenden Tests realitätsgetreu sind, werden Testdaten benötigt. Diese müssen vor der Durchführung einer Testkampagne auf einer Testumgebung bereitgestellt werden. Falls das nicht möglich ist, müssen die Testdaten von den Testern selbst hergestellt werden. Dies kann viel kostbare Zeit in Anspruch nehmen. Aus diesem Grund sollen Testdaten möglichst automatisiert oder sogar als Kopie der produktiven Daten zur Verfügung gestellt werden. In diesem Fall müssen Datensicherheitsaspekte berücksichtigt werden, oder vertrauliche Kundendaten sind zu anonymisieren. Testdaten können auch mittels eines Datengenerators erstellt werden. Diese Vorgehensweise ist besonders empfehlenswert, wenn verschiedene Ausprägungen eines Testfalls oft geprüft werden müssen.

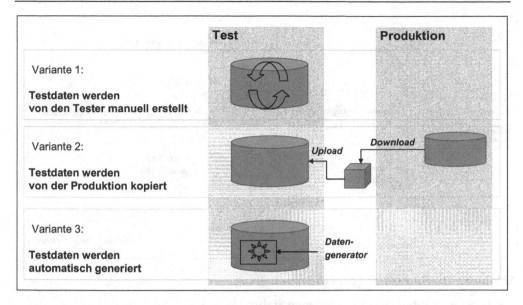

Abbildung 20: Erstellungsvarianten von Testdaten

Zur Vorbereitung der Testdaten sind folgende Fragen zu stellen:

- Wie viele Testdaten werden benötigt?
- Woher kommen diese Testdaten?
- Bestehen die Testdaten bereits oder müssen sie manuell erstellt werden?
- Falls die Testdaten bereits bestehen, woher kommen sie (intern oder extern)?
- Wie aufwändig ist die Beschaffung bzw. Erstellung der Testdaten?

Werden diese Fragen im Vorfeld der Tests nicht geklärt, kann dies zu erheblichen Behinderungen im Testablauf führen.

Tipps & Tricks

Es empfiehlt sich, gewisse „Dummy"-Kunden zu benutzen, mit denen alle Funktionen getestet werden können, ohne Auswirkung auf die realen Daten.

2.3.5 Issue Management

Das Issue Management kümmert sich um die Beurteilung, Priorisierung und Weiterleitung von Fehlern sowie um das Planen und Verfolgen der Lösungen. Ziel ist es, die Fehler effizient gelöst zu bekommen, damit die neue Systemlandschaft in einer hochwertigen Qualität und termingerecht in Betrieb genommen werden kann.

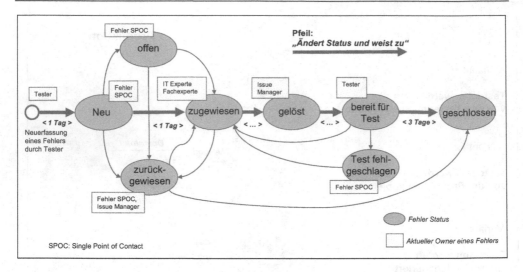

Abbildung 21: Durchlaufzeit der Fehlerbearbeitung

Die Tabelle erläutert die verschiedenen Status.

Tabelle 11: Die verschiedenen Status eines Fehlers

Status	Bedeutung
Neu	Issue ist neu eröffnet worden und ist noch niemandem zugeteilt worden
Offen	Die Relevanz des Issue wird noch geprüft
zugewiesen	Issue wurde zur Bearbeitung an zuständige Person zugeteilt
gelöst	Issue wurde gelöst und die Lösung soll noch auf dem Testsystem eingespielt werden.
Bereit für Test	Dem Issue zugrunde liegender Test kann vom Tester erneut durchgeführt werden
Test fehlgeschlagen	Integrationstest der Lösung ist fehlerhaft
zurückgewiesen	Lösung wird nicht als solche akzeptiert. Funktion entspricht dem Pflichtenheft nicht.
geschlossen	Fehlermeldung wurde abgeschlossen. Reaktivierung ist nicht erlaubt.

Die Durchlaufzeit zur Lösungsfindung kann anhand der verschiedenen Status der Fehlermeldungen gemessen werden. Wenn ein Fehler entdeckt worden ist, muss dies sofort gemeldet werden. Es ist nicht immer einfach, den Fehler zuzuordnen. Um diesen Zweck zu erfüllen, werden so genannte „Fehler-SPOC" definiert, die die Triage der Fehlermeldungen erledigen. Dieser Schritt muss auch schnell passieren, damit der Fehler auf dem Schreibtisch der entsprechenden Experten landet. Die Zeit zur Lösung eines Fehlers kann variieren. Das Einspielen einer Änderung als Lösungsbeitrag ist davon abhängig, mit welcher Frequenz die Änderungen in einer Testumgebung eingespielt werden. Wenn diese Phase erreicht ist, muss die Änderung so schnell wie möglich wieder getestet werden. Damit kann festgestellt werden, ob der Fehler tatsächlich aufgehoben wurde. Es passiert auch oft, dass sich hinter einem Fehler noch mehrere Probleme verstecken. Die Durchlaufzeit zur Lösungserbringung beträgt in der Regel mehrere Wochen, sogar Monate. Der Grund dafür ist einfach: die Tabelle zeigt eine typische Ablaufzeit.

Tabelle 12: Ablaufzeit

Aktivität	Dauer	kumuliert
Fehler entdeckt und gemeldet	1 Tag	1 Tag
Lösung gefunden	+ 4 Tage	1 Woche
Einspielen (z.B. 2-Wochen-Rhythmus)	+ 5 Tage	2 Wochen
Lösung fehlgeschlagen	+ 2 Tage	2,5 Wochen
Neue Lösung	+ 2 Tage	3 Wochen
Einspielen	+ 5 Tage	4 Wochen
Retesting erfolgreich	+ 2 Tage	> 1 Monat

Tipps & Tricks

Zu Beginn des Projektes kann es Sinn machen, Issues nicht zwingend zu erfassen. In diesem Stadium ist noch vieles unfertig und nicht funktionsfähig, so dass die Verwaltung der Fehler nur für Administrationsaufwand bei den Entwicklern sorgen würde.

Wichtig ist aber, ab einem klar kommunizierten Zeitpunkt festzulegen, dass alle festgestellten Fehler in Form von Issues erfasst werden müssen.

Issues werden priorisiert. Durch die korrekte Priorisierung von Issues stellt das Issue Management sicher, dass IT-Experten an Fehlern arbeiten, die für das Going-Live entscheidend sind.

Die Priorisierung erfolgt klassischerweise nach einer Beurteilung der Dringlichkeit und der Wichtigkeit. „Dringende" Fehler müssen vor einem zeitnahen Termin erledigt werden. Dies ist im Bankbereich in der Regel vor allem bei Tages- oder Monatsendverarbeitung der Fall. „Wichtige" Fehler bergen weit reichende negative Auswirkungen. Es ist möglich, beide Themen zu kombinieren und eine einzige Skala namens Gewicht (oder auf Englisch Severity), zu erstellen.

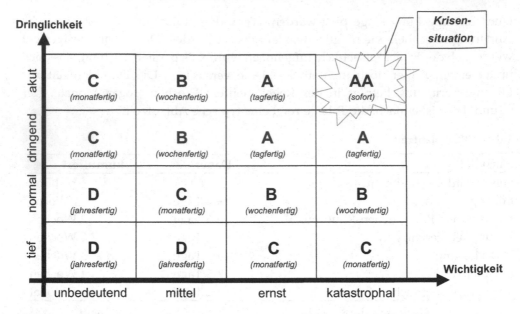

Abbildung 22: Einordnung von Fehlern in der Dringlichkeits- und Wichtigkeitsmatrix

Damit lassen sich fünf verschiedene Stufen der Schwere definieren.

Tabelle 13: Severity-Klassen der Fehler

Schwere	Bedeutung	Behebung
AA – Sehr wichtig	Betriebsverhindernde Fehler mit gravierenden Auswirkungen. Werden als „absoluter Projekt-Blocker" bezeichnet.	Sofortige Erhebung und sofortiges Einspielen.
A – Wichtig	Betriebsverhindernde Fehler, wo mögliche Umgangslösungen vorhanden sind. Werden als „Projekt-Blocker" bezeichnet.	Sofortige Erhebung und Einspielen an Randzeiten.
B – Hoch	Testbetrieb behindernde oder gefährdende Fehler. Werden als Hauptfehler bezeichnet.	Nach Möglichkeit innerhalb fünf Tagen.
C – Mittel	Fehler, die den Testbetrieb stören oder beeinträchtigen. Keine Blockade von Tests, aber Behebung für „Go-Live" wichtig.	Nach Möglichkeit mit dem nächsten Einspielen von Systemänderungen beheben
D – Tief	Geringfügige Fehler.	Behebungszeitraum nicht terminiert.

Je nach Schwere eines Fehlers sind unterschiedliche Maßnahmen notwendig.

2.4 Durchführung der Tests

Das Testwesen konzentriert sich in erster Linie auf die Durchführung der Tests. Dies bedingt, wie schon erwähnt, dass die nötigen Rahmenbedingungen aufgesetzt wurden. Auf dieser Ebene ist keine Improvisation erlaubt.

Die folgenden Fragen werden in diesem Absatz beantwortet:

- wie sind die Tests organisiert und was muss berücksichtigt werden?
- wie werden die Testergebnisse dokumentiert?
- was passiert, wenn ein Fehler entdeckt wird?

2.4.1 Testdurchführung gemäß Testplanung

Für die Durchführung der Tests müssen vielfältige Abhängigkeiten berücksichtigt werden:

Verfügbarkeit von Daten z.B. definierte Testdaten, migrierte Daten von Altsystemen

Verfügbarkeit spezifischer Funktionalität, welche parametrisiert bzw. entwickelt wird

Verfügbarkeit von Daten und Funktionalität, welche von Umsystemen zur Verfügung gestellt werden (Abhängigkeit von bestimmten Schnittstellen)

Verschiedene Schritte müssen für die Durchführung der Tests vorgesehen werden, wie zum Beispiel in der folgenden Tabelle dargestellt.

Tabelle 14: Ablaufbeschreibung zur Testdurchführung

Phase	Aktivitäten	Verantwortlich (Rolle)
Smoke Tests durchführen	Durchführung eines Probelaufs vor der Freigabe von Systemänderungen, um sicherzustellen, dass die Programmfunktion nicht schon ansatzweise fehlschlägt. Die Smoke Tests werden schnell durchgeführt, der Tester stellt die Testfälle direkt auf „bestanden" oder „fehlgeschlagen". Fehlgeschlagene Tests werden als Problem angesehen und umgehend verfolgt. Aufgrund der kurzen Zeit werden keine Issues erfasst. Mündliche Kommunikation mit Release und Test Management ist hier sinnvoller.	Tester
Testdaten erfassen	Erfassung der für die Durchführung der geplanten Tests notwendigen Testdaten, d.h. Daten, welche nicht schon automatisch zur Verfügung	

Phase	Aktivitäten	Verantwort-lich (Rolle)
	gestellt werden.	
Retesting durchführen	Retesting der fehlgeschlagenen Anforderungen, wo eine verbesserte Lösung neu entwickelt wurde.	
Tests durchführen	Die geplanten Tests werden durchgeführt. Die während dem Testen aufgetretenen Fehler werden in Form von Issues erfasst und dokumentiert.	
Testing abschließen	Tests, welche nicht erfolgreich abgeschlossen werden konnten, werden mit einem Test Set einer künftigen Testkampagne geplant. Neu erstellte Testfälle, welche ein hohes Wiederverwendungspotenzial haben, werden in der Testfallsammlung abgelegt.	Test-Verantwort-licher

Anbei eine Checkliste für die Testdurchführung:

- Auf welcher Umgebung wird getestet und wann (Datum und Uhrzeit)?
- Sind die Voraussetzungen erfüllt?
- Wurde bei der Testdurchführung das tatsächliche Ergebnis dokumentiert?
  - Im positiven Fall reicht ein einfaches "ok" → d.h., das erwartete Ergebnis ist eingetroffen.
  - Im Fehlerfall ist kurz zu beschreiben, warum der Testschritt auf "FAILED" gesetzt wurde.
  - Zusätzlich den Test-Verantwortlichen informieren und ein Issue erfassen – sofern es noch kein identisches Issue gibt.
- Die Beschreibung des Testfalls korrigieren, falls sich der Testfall bei der Durchführung als fehlerhaft oder ungenau erweist.
- Zusätzliche Testfälle aufnehmen, falls neue Testaspekte bei der Durchführung erkannt wurden.

2.4.2   Testergebnisse dokumentieren

Die Protokollierung der Testergebnisse spielt eine zentrale Funktion im Testwesen. Die Art, wie die Tests durchgeführt werden, ist noch zu entscheiden. Werden die Tests „manuell" durchgeführt, muss der Tester die Ergebnisse der einzelnen Testschritte selber „manuell" rapportieren. Aufgrund seiner Expertise und der Definition der erwarteten Ergebnisse wird ein Testschritt als „bestanden" oder „fehlgeschlagen" bewertet. Wird die Testdurchführung automatisiert, dann soll ein Bericht vom Testautomat mit den entsprechenden Ergebnissen (wie z.B. entsprechenden Fehlermeldungen) veröffentlicht werden.

Um die Rapportierung effizient zu gestalten, sollen Vorlagen vorbereitet werden, um die Testergebnisse standardisiert zu dokumentieren. Die Auswertbarkeit der Testergebnisse muss gewährleistet werden, damit die Transparenz über die Testaktivitäten nachvollziehbar wird. An dieser Stelle macht es gerade bei umfangreichen IT-Projekten Sinn, ein entsprechendes Testverwaltungs-Tool zur Erfassung und Auswertung der durchgeführten Tests zu nutzen.

Die testbaren Elemente im Bereich Anforderungen und die Art und Weise, wie diese Elemente gemessen werden können, sind in der folgenden Tabelle zusammengefasst.

Tabelle 15: Protokollierung der Testergebnisse

Testbares Element	Erläuterung der Protokollierung
Testschritt	Die Ergebnisse jedes Testschritts werden festgehalten. Folgende Status können verwendet werden: • „fehlgeschlagen": Testschritt fehlerhaft • „bestanden": Testschritt wurde erfolgreich durchgeführt • „nicht beendet": Testschritt wurde begonnen aber nicht zu Ende geführt • „No Run": Der Testschritt wurde noch nicht durchgeführt Zusätzlich können noch Kommentare notiert werden und interessante Beispiele oder Beilagen eingefügt werden. Dies kann von großer Bedeutung sein, wenn ein Testschritt fehlgeschlagen ist.
Test	Dieselben Status wie beim Testschritt können verwendet werden: • „fehlgeschlagen": Test fehlerhaft, wenn mindestens ein Testschritt fehlgeschlagen ist • „bestanden": Test wurde erfolgreich durchgeführt. Bedingt, dass alle Testschritte erfolgreich durchgeführt wurden • „nicht beendet": Test wurde begonnen aber nicht zu Ende geführt. Zum Beispiel muss noch eine Monatsendverarbeitung durchgeführt werden, um die Ergebnisse auswerten zu können • „No Run": Der Test wurde noch nicht begonnen
Testdurchführung	Der Durchführungsgrad einer Testkampagne oder sogar Testphase soll einfach visualisiert werden. Auf einem Blick soll ersichtlich sein, wie viele Tests noch durchgeführt werden müssen. Wichtig ist auch zu wissen, wie viele Tests erfolgreich durchgeführt worden sind.

Testbares Element	Erläuterung der Protokollierung
Status der Testfälle	Jeder Testfall erbt einen „Durchführungsstatus", welcher den Status der entsprechenden durchgeführten Tests entspricht. Jeweils die letzte Testdurchführung ist für den Durchführungsstatus eines Testfalles entscheidend. Wird ein Testfall heute auf „fehlgeschlagen" gesetzt und in einem Monat in einer neuen Testkampagne noch einmal getestet und auf „bestanden" gesetzt, ist ab diesem Zeitpunkt der Durchführungsstatus des Testfalles auch „bestanden". Folgende Status können verwendet werden: • „Fehlgeschlagen": der zuletzt durchgeführte Test ist fehlgeschlagen • „bestanden": der zuletzt durchgeführte Test ist erfolgreich • „nicht beendet": der zuletzt durchgeführte Test ist nicht komplett durchgeführt worden • „No Run": noch keine Testdurchführung hat stattgefunden
Status der Anforderungen	Jeder Testfall verfügt über einen „Durchführungsstatus", welcher den Status der Anforderungen weiter „vererbt". Folgende Status können verwendet werden: • „fehlgeschlagen": der zuletzt durchgeführte Test ist fehlgeschlagen und die entsprechenden Funktionalitäten sind mangelhaft • „bestanden": die Anforderung steht zur Verfügung und kein Mangel wurde beim Testswesen festgestellt • „nicht beendet": Testing noch am Laufen • „No Run": die nötigen Testfälle zur Abnahme der Anforderung sind zwar definiert, nur hat keine Testdurchführung stattgefunden. Je näher der Go-Live-Termin, umso sorgfältiger soll die Rapportierung der „fehlgeschlagen" Anforderungen sein. Es bringt in der Tat nicht viel, wenn alles auf „rot" ohne Differenzierung protokolliert ist. Als Ergebnis wird das Management nervös, zum Teil ohne Grund. Es kann zum Beispiel abgemacht werden, dass ein Test auf „fehlgeschlagen" rapportiert wird und damit die verknüpften Anforderung, nur wenn ein gravierender Fehler (z.B. Severity A oder AA) entdeckt wird. Damit können die Show-stoppers und deren potentiellen negativen Auswirkungen besser identifiziert werden. Fehler müssen jedoch auf jeden Fall gemeldet werden.

Tipps & Tricks

Es ist effektiver und angenehmer, wenn zwei Bildschirme für Tester zur Verfügung gestellt werden. Auf einem Bildschirm kann das effektive Testing der Applikation stattfinden, während die Rapportierung der Testergebnisse „synchron" auf dem zweiten Bildschirm festgehalten werden kann.

2.4.3 Issue eröffnen

Ist ein Testschritt fehlerhaft, wird ein Issue erfasst. Die Testbeschreibung soll direkt in die Beschreibung des Issues übernommen werden. Diese Informationen sind für die Behebung des Issues hilfreich.

Verschiedene Informationen müssen bei der Eröffnung eines Fehlers eingegeben werden.

Tabelle 16: Issue eröffnen

Information	Zweck und Beschreibung
Titel	Bei welcher Aktivität ging in welchem Teil des Systems was schief?
	Eine aussagekräftige Kurzbeschreibung, die mit etwa 10 Worten das Problem darstellt
Beschreibung	Enthält die Ausgangslage und Beschreibung der Testschritte, die Problembeschreibung und weitere Infos für das Verständnis des Issues
Verfasser/ Tester	Name des Testers
	An diese Person wird der Issue nach Lösung für den Re-Test zurückgegeben.
Issue Typ	Gibt an, um welche Art von Issue es sich handelt: z.B. Fehler, Frage oder Datenbereinigungsauftrag
Status	Der Status des Issues
Umgebung	Im Test verwendete Datenbank
Severity	Fehlerklasse. Gibt an, in welchem Zeitraum eine Lösung zu finden ist.
	AA – sehr wichtig
	A – wichtig
	B – hoch
	C – mittel
	D – tief

Information	Zweck und Beschreibung
Bereich	In welchem Bereich trat der Fehler auf? Kann unterschiedlich zu Lösungsbereich sein, welches der Bereich ist, der sich um den Fehler kümmern muss.
Zugewiesen an	Wer muss sich als nächstes darum kümmern? Im Zweifelsfall einem Fehler-SPOC oder dem Issue Manager geben
Lösungs-Bereich	Wer muss den Issue lösen?
Target Release	Geplanter Release für die Lieferung der Lösung
Reproduzierbar	Ist der aufgetretene Fehler reproduzierbar (ja/nein)?
Externe Referenzquelle	Gibt die Quelle der externen Referenznummer des SW-Herstellers an
Externe Referenz Nr.	Referenz zu anderen Issue Tools (z.B. bei einem „Bug" im Bankenkernsystem)
Gefunden in	In welcher Testkampagne wurde das Issue festgestellt?
Geplanter Aufwand (PT)	Geplanter Aufwand in Personentagen
Gefunden am	Datum des festgestellten Issues
Zu testen auf	Gibt an, auf welcher Testumgebung der Fix getestet werden soll
Geändert am	Sicherung von Änderungen bei der Fehlermeldung
Fehlergrund	Auszufüllen für Auswertungszwecke
Umsystem	Auf welches Umsystem muss eine Änderung vorgenommen werden?

Anbei eine Checkliste für die Issue-Erstellung:

- Ist der Issue Typ richtig?
- Ist der Titel des Issues aussagekräftig? (z.B. "Kunden anlegen nicht ok" ist nicht ausreichend)
- Welches Problem ist genau aufgetreten? Was genau war falsch? Bei Fehlern und Änderungen möglichst auch das gewünschte Soll-Verhalten beschreiben.
- Verstehe ich die Issue-Beschreibung in einem halben Jahr noch?
- Kann der IT-Experte oder ein anderer Tester auf Basis der Issue-Beschreibung den Fehler nachvollziehen?
- Wurden dem Issue Screenshots angehängt? Andere Anhänge (Kopien von Textfiles etc.) können ebenfalls hilfreich sein.
- Fehlermeldungen mit dem Testfall verlinken, bei dem das Problem auftrat.

Tipps & Tricks

Klare Beschreibungen von Fehlern bringen sehr viele Effizienz im Issue Management. Es ist empfehlenswert, definierte Stichwörter zu benutzen, am liebsten direkt am Anfang des Titels.

2.5 Prüfung, Reporting, Analyse

Der Stand der SW-Abwicklung kann anhand der Testfortschritte gemessen werden. Das Reporting und die Analyse der Messungen sind für das Management der Systemeinführung von großer Bedeutung. Um die Koordination aller involvierten Akteure sicherzustellen, muss geprüft werden, ob die Qualitätsstandards eingehalten worden sind. Falls dieser Punkt nicht erfüllt ist, wird es schwierig sein, den Gesamtüberblick zu gewinnen.

Das Reporting über den Fortschritt stellt ein wichtiges Managementinstrument dar, um die Gesamtplanung bewerten zu können. Damit werden Engpässe ersichtlich, und das Management kann dann Entscheidungen treffen, um gewisse Risiken einzugehen, falls die Umsetzungszeit zu knapp wird.

Weiterhin muss sichergestellt werden, dass der Abdeckungsgrad des Testwesens ausreichend ist. Eine systematische Rapportierung der Testfortschritte auf Ebene der Anforderungen bringt große Vorteile.

Die verschiedenen Informationen, die durch das Reporting gewonnen werden, müssen dennoch verteilt werden und vor allem richtig interpretiert werden.

2.5.1 Einhaltung der Qualitätsstandards

Die Prüfung der Einhaltung der für das Testing definierten Standards wie:

- Namenskonventionen
- Aufbau und Ablage der Testfälle
- durchgeführte Testkampagnen sind gemäß Vorgaben abgeschlossen (alle Tests sind erfolgreich abgeschlossen, durchgeführte und wieder verwendbare Testfälle sind in vorgegebener Prozessstruktur der Testfallsammlung abgelegt)
- alle Geschäftsfälle sind gemäß Prozessstruktur einem definierten Prozess zugeordnet

kann durch den Test Manager durchgeführt werden.

Vollständigkeits- und Konsistenzchecks werden durchgeführt, um folgende Ziele zu erreichen:

- formelle Vollständigkeitsprüfung der dokumentierten Testfälle (ist der funktionale Scope der geprüften Requirements durch die definierten Testfälle vollständig abgedeckt?)
- Identifikation von Lücken (vor allem bei übergreifenden Themen)
- Durchführung verschiedener Analysen
- alle für die aktuelle und die nächste Testkampagne geplanten Testfälle sind im Minimum mit einem Test Set verbunden
- alle Testfälle haben einen Bezug zu einer definierten Anforderung

Für alle fehlgeschlagenen Tests wird ein Issue eröffnet. Eine Auswertung dieser Tests, zu denen kein Fehler zugeordnet ist, soll durchgeführt werden.

Ein Status anhand der Qualitätsstandards kann dann pro Bereich veröffentlicht werden:

	Bereich A	Bereich B	Bereich C	...	Bereich n
• Planung der Anzahl Tests pro Testkampagne	●	●	●		●
• Vollständigkeit der Anforderungen • Kritikalität der Anforderungen definiert	●	◔	◔		◔
• Vollständigkeit der Testfälle • keine „leere" Testfälle (inkl. Testschritte) • Bezug Testfälle zu Anforderungen	◔	◔	●		◔
• Vollständigkeit Test Sets • Durchgeführte Tests • Issues zu Fehlern erfasst	●	●	●		●
• Beschreibung zu Issues komplett • Issues sind zugeordnet	●	●	●		●

Abbildung 23: Einhaltung der Qualitätsstandards pro Bereich

Tipps & Tricks

Eine klare Darstellung des erreichten Qualitätsstands pro Bereich verursacht in der Regel eine positive Emulation zwischen den verschiedenen Teams.

2.5.2 Fortschrittskontrolle

Der aktuelle Stand des Testing wird regelmäßig mit der Planung verglichen. Die Fortschrittskontrollen können im Wesentlichen über den wöchentlichen Testreport erfolgen.

Durch dieses Reporting wird die Testintensität gemessen. Damit soll sichergestellt werden, dass die Tests vor einer Testkampagne vorbereitet werden. Dafür wird die Zahl der aufgesetzten Tests rapportiert. Am Ende einer Testkampagne wird die Zahl der effektiv durchgeführten Tests gemessen. Ist die Zahl der durchgeführten Tests tiefer als vorgesehen, muss die Situation sofort analysiert werden. Folgende Faktoren können verhindernd wirken:

- zu wenige Testressourcen
- schlechte Vorbereitung der Testdurchführung (z.B. keine Testdaten verfügbar)
- geplante Abwicklungen wurden nicht rechtzeitig geliefert

Die Analyse ist umso wichtiger, wenn viele Abhängigkeiten zwischen den Bereichen vorhanden sind. Eine Verschiebung kann leider große Auswirkung auf die Planung der Tests auslösen.

In der folgenden Tabelle wird ein Beispiel eines solchen Reports gezeigt.

Tabelle 17: Beispiel Fortschrittskontrolle-Report

Gesamt	Gesamt (soll)	aufgesetzt		durchgeführt		OK		NOK	
		IST	%	IST	%	IST	%	IST	%
Tests gesamt									
Tests Bereich A									
Tests Bereich B									
Tests …									
Tests Bereich n									

nächste Kampagne	Gesamt (soll)	aufgesetzt		durchgeführt		OK		NOK	
		IST	%	IST	%	IST	%	IST	%
Tests gesamt			-		-		-		-
Tests Bereich A			-		-		-		-
Tests Bereich B			-		-		-		-
Tests …			-		-		-		-
Tests Bereich n			-		-		-		-

laufende Kampagne	Gesamt (soll)	aufgesetzt		durchgeführt		OK		NOK	
		IST	%	IST	%	IST	%	IST	%
Tests gesamt									
Tests Bereich A									
Tests Bereich B									
Tests …									
Tests Bereich n									

Die Spalten haben folgende Bedeutungen:

Spalte	Bedeutung	Quelle
Erste Spalte	Gibt an, dass es sich um Testdurchführungen (Testkampagne) handelt.	Konstant, vom Projektplan vorgegeben.
Gesamt	Die Gesamtzahl der durchgeführten bzw. durchzuführenden Tests. Die Prozentzahlen in den folgenden Spalten stehen immer im Verhältnis zu dieser Spalte.	Für die laufenden und nächsten Testkampagnen werden die Werte aus der Testplanung entnommen. Für die Gesamtzahl der „Soll-Tests" wird vom Test Manager eine Zahl als Vorgabe geschätzt.
aufgesetzt	Tatsächlich vorhandene Tests, die aufgestellt sind. Dieses setzt voraus, dass die entsprechenden Testfälle im Voraus definiert worden sind.	Diese Werte entsprechen der Anzahl der geplanten Tests.

Spalte	Bedeutung	Quelle
durchgeführt	Anzahl der Tests, die durchgeführt wurden.	Anzahl der durchgeführten Tests mit dem Status "fehlgeschlagen" oder "bestanden".
OK	Anzahl der erfolgreich durchgeführten Tests.	Anzahl der durchgeführten Tests mit dem Status "bestanden".
NOK	Anzahl der nicht erfolgreich durchgeführten Tests.	Anzahl der durchgeführten Tests mit dem Status "fehlgeschlagen".

Folgende Fragen können mit diesem Report beantwortet werden:

Frage	Antwort
Welche Tests sind in der aktuellen Phase schon gelaufen?	Ist aus der Spalte „durchgeführt" ersichtlich.
Wie viele Tests sind erfolgreich? Wie viele waren nicht erfolgreich?	Ist aus den Spalten OK und NOK ersichtlich.

Am geeignetsten ist es, den Testfortschritt innerhalb einer Testphase zu messen. Es ist dann interessant, eine Gesamtzahl der geplanten Tests zu kennen. Damit kann geprüft werden, ob die geplante Kapazität der Arbeitskraft im Testwesen genügend oder ungenügend ist.

Tipps & Tricks

Eine Schätzung der Zahl der durchzuführenden Tests ist hilfreich, dennoch schwierig zu bekommen. Dafür helfen am besten Erfahrungswerte. Benchmarks können auch verwendet werden.

2.5.3   Vollständigkeitscheck

Durch den Vollständigkeitscheck wird geprüft, ob alle Anforderungen effektiv geprüft werden. Damit wird innerhalb eines Reports dem Abdeckungsgrad des Testwesens gemessen.

Tabelle 18: Beispiel Vollständigkeitscheck-Report

Testphase	Gesamt	abgedeckt		getestet		OK		NOK	
		IST	%	IST	%	IST	%	IST	%
Anforderungen Typ A									
Anforderungen Typ B									
...									
Anforderungen Typ n									

nächste Testkampagne	Gesamt	abgedeckt		getestet		OK		NOK	
		IST	%	IST	%	IST	%	IST	%
Anforderungen Typ A									
Anforderungen Typ B									
...									
Anforderungen Typ n									

laufende Testkampagne	Gesamt	abgedeckt		getestet		OK		NOK	
		IST	%	IST	%	IST	%	IST	%
Anforderungen Typ A									
Anforderungen Typ B									
...									
Anforderungen Typ n									

Die Spalten haben folgende Bedeutungen:

Spalte	Bedeutung	Quelle
Erste Spalte	Gibt den Anforderungstyp an.	Konstant, vom Projektplan vorgegeben.
Gesamt	Anzahl der Anforderungen pro definierten Typen Die Prozentzahlen in den folgenden Spalten stehen immer im Verhältnis zu dieser Spalte.	Gemäß Testanforderungen.
abgedeckt	Anzahl der Anforderungen, die mit einem Testfall abgedeckt sind	Objekte im Status "abgedeckt".
Getestet	Anzahl der Anforderungen, die getestet wurden	Objekte im Status "fehlgeschlagen", "bestanden"
OK	Erfolgreich getestet: Anforderung ist erfüllt.	Objekte im Status "bestanden".
NOK	Nicht erfolgreich getestet: Anforderung ist nicht erfüllt.	Objekte im Status "fehlgeschlagen".

Tipps & Tricks

Einfache Farben können benutzt werden, um den Arbeitsstand zu rapportieren:

- Rot: kritisch
- Grün: zufrieden stellend
- Orange: in Bearbeitung
- Grau: offen

Folgende Fragen können mit diesem Report beantwortet werden:

Frage	Antwort
Können wir Live gehen?	Dieser Report kann aufzeigen, ob alle Go-Live relevanten Anforderungen erfüllt sind.
Wie weit sind wir entfernt?	Zunächst muss Zeit aufgewendet werden, um die Anforderungen mit Testfällen abzudecken. Danach muss getestet werden. Dann sind die Testergebnisse entweder OK oder NOK. Beim 100% abgedeckt und 100% OK ist das Ziel erreicht.
Wie viele Go-Live relevanten Anforderungen sind getestet?	Vollständigkeitsanalyse, welche nur die Go-Live relevanten Requirements zeigt.
Welche Testergebnisse?	Die Spalten OK und NOK zeigen die Ergebnisse der Tests.
Für wie viele Requirements existiert noch gar kein Testfall?	Die Spalte „abgedeckt" zeigt an, zu wie vielen Anforderungen schon ein Testfall existiert. Fehlend sind die restlichen zu 100%.

Tipps & Tricks

Eine Gewichtung nach Kritikalität der Anforderungen ist für einen Go-Live-Entscheid von großer Bedeutung.

2.5.4 Prüfergebnisse dokumentieren

Es ist empfehlenswert, die Prüfergebnisse zu dokumentieren. Neben dem Nutzen für das Testwesen werden Revisionsanforderungen dadurch abgedeckt.

Es ist auch wichtig, dass abgeschlossene Tests nach einer Testkampagne nicht mehr verändert werden können. Jeder Test enthält dann die Informationen, wann welcher Tester wie geantwortet hat, damit die Nachvollziehbarkeit gewährleistet wird. Alle Änderungen an Tests werden protokolliert und „historisiert". Damit können zu einem späteren Zeitpunkt die einzelnen Änderungen nachvollziehbar sein.

Im Bericht sollten Stellungnahmen zu den Problemfällen abgegeben werden. Es handelt sich um die Anforderungen, die „im roten Bereich" sind, und um die kritischen Fehler (Severity AA und A). Folgende Tabellen können verwendet werden:

Tabelle 19: Kommentierte Testergebnisse

fehlgeschlagene Anforderungen (diese werden rot markiert)		
Bezeichnung	**Begründung**	**Auswirkung/Maßnahme**
GF-x-xxx AAAAAAA		
GF-x-xxx BBBBBBBBB		
AA und A Issues		
Bezeichnung	**Begründung/Ursache**	**Auswirkung/Maßnahme**
Issue 01		
Issue 02		
Issue 03		

Weiterhin ist es möglich, verschiedene Sichtweisen zu kombinieren, um eine Go-Live-Bereitschaft messen zu können:

- **Geliefertes Produkt**: inwieweit werden die definierten Anforderungen erfüllt?
- **Angebotene Dienstleistungen**: inwieweit kann das System im Betrieb genommen werden?
- **Kompetenz der Anwender**: können letztendlich die Anwender mit der IT-Lösung klar kommen?

Produkt		Bereich A	Bereich B	...	Bereich n		
Insgesamt		grün	rot		rot		rot
Anforderungen	GFs	grün	rot		grün		rot
	Schnittstellen	grün	rot		rot		rot
	Output	grün	rot		grün		rot
	Jobs	grün	grün		grün		grün
	NFAs	grün	grün		grün		grün
Daten	Stammdaten	grün	grün		grün		grün
	Positionsdaten	grün	rot		grün		rot

Dienstleistungen	Bereich A	Bereich B	...	Bereich n		
Insgesamt	grün	grün		rot		rot
Go Live-Vorbereitung	grün	rot		rot		rot
Application Management	grün	grün		rot		rot
Helpdesk	rot	grün		grün		rot
Betrieb Support	grün	grün		rot		rot
Outsourcing Management	grün	grün		grün		grün

Anwender		Bereich A	Bereich B	...	Bereich n		
Insgesamt		grün	rot		grün		
Anwender Typ A	Funktion A1	rot	rot		grün		
	Funktion A2	grün	rot		grün		
	Funktion A3	grün	grün		grün		grün
Anwender Typ B	Funktion B1	grün	grün		nicht relevant		grün
	Funktion B2	grün	rot		nicht relevant		
Anwender Typ C		nicht relevant	grün		grün		grün

Go Live-Bereitschaft

Abbildung 24: Messung der Go-Live-Bereitschaft

Tipps & Tricks

Die Frequenz des Reportings der Testergebnisse ist entscheidend. Wenn das Reporting zu häufig verlangt wird, besteht die Gefahr, dass Dauerhektik und Bürokratie herrschen. Wird kein Reporting verlangt, dann ist das Management im Blindflug unterwegs, was nicht befriedigend ist. Aus diesem Grund wird empfohlen, ein ausführliches Reporting am Ende einer Testphase durchzuführen, z.B. im Rahmen eines „Quality Gate".

2.6   Maßnahmen zur Optimierung

Neben dem Issue Management, welches dafür sorgt, dass die aus den Tests resultierenden Fehler und Mängel bis zum Going-Live behoben werden, gibt es eine Reihe weiterer Aktivitäten im Bereich Qualitätssicherung, mit welchen eine kontinuierliche Verbesserung des Testwesens verfolgt wird.

2.6.1   Verbesserungsmaßnahmen für das Testing aus der Analyse ableiten

Verschiedene Verbesserungsmaßnahmen können aus den Analysen abgeleitet werden.

Dazu gehören:

- Auswirkungsanalyse von Problemen und Zielabweichungen mit Bewertung des Einführungsrisiko
- Regelmäßige Meetings des Test Managements mit den Test Verantwortlichen, bei welchen gemeinsam Maßnahmen definiert werden, um festgestellte Abweichungen (Backlog in der Durchführung geplanter Testfälle, ineffiziente Arbeitsweise im Testing, Probleme in der Abstimmung mit übergreifenden Themen) von den Zielvorgaben zu beheben;
- Bei Bedarf werden neue Anforderungen oder Korrekturen an Testfällen vorgenommen, welche in der nächsten Testkampagne berücksichtigt werden;
- Moderation eines regelmäßigen Informationsaustauschs als „Lessons Learned".

Die definierten Messgrößen der Quality Gates werden regelmäßig mit den Zielvorgaben verglichen. Zu Toleranzabweichungen werden korrektive Maßnahmen definiert. Größere Abweichungen führen zu Eskalationen an das Management.

Weitere Aspekte, die meistens außerhalb der Reichweite des Testwesens sind, können auch berücksichtigt werden. Es geht zum Beispiel um Definition von Vorbeugungsmaßnahmen, Umsetzung von Verbesserungsmaßnahmen, Akzeptanz schaffen und Integration im Quality Management System (QMS).

Vorbeugungsmaßnahmen

Aus dem Risiko Management können Vorbeugungsmaßnahmen entstehen und dafür sorgen, dass bereits identifizierte Risiken nicht eintreten. Die Überwachung der Risiken muss regelmäßig durchgeführt werden.

Verbesserungsmaßnahmen

Das Thema Testing und vor allem „Fehler entdecken" mag ein Kulturschock für eine Organisation darstellen. Wer gibt schon gern zu, dass einer einen Fehler gemacht hat. Dennoch ist es wichtig, die Fähigkeit des Lernens zu besitzen. Dank Offenheit und Dialog können Verbesserungsvorschläge gesammelt werden und gegebenenfalls umgesetzt werden.

Akzeptanz schaffen

Die Einführung eines IT-Systems ist für ein Unternehmen eine teuere Angelegenheit. Die Akzeptanz der SW-Lösung bei den Mitarbeitern ist von zentraler Bedeutung. Damit wird die Effizienz beeinflusst, bzw. im negativen Fall können Fehler schlechte Auswirkungen auf Kunden haben.

Im Bereich der Normierung wurde die Frage der SW-Qualität gestellt. Die Norm ISO/IEC 9126 bietet zum Bespiel ein Modell an, um die Produktqualität einer Software zu messen. An dieser Stelle ist es möglich, drei verschiedene Qualitätsstufen

zu unterscheiden: (siehe Nigel Bevan, „Quality in use: Meeting user needs for quality", The Journal of Systems and Software 49 - 1999):

- **Die interne Qualität:** es handelt sich um technische Merkmale, in erster Linie
  um die Qualität der Programmierung.
- **Die externe Qualität:** an dieser Stelle werden die funktionalen Merkmale untersucht.
- **Die effektive Qualität:** sind die Bedürfnisse der Anwender im alltäglichen
  Arbeitsleben abgedeckt? Es geht darum, wie einfach und intuitiv die SW benutzt werden kann. Die Zufriedenheit der Anwender steht im Mittelpunkt.

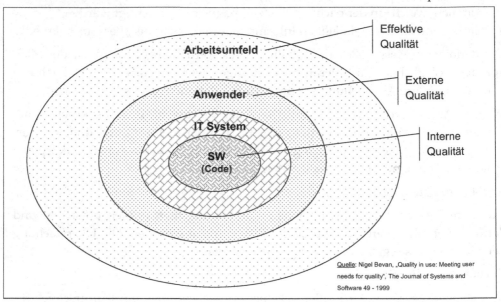

Abbildung 25: Qualitätsstufen

Tipps & Tricks

Verständliche „Fehlermeldungen" und „Hilfe-Funktionen" im System
können die Akzeptanz der SW-Lösung deutlich erhöhen.

Integration im QMS

Verfügt das Unternehmen über ein Qualitätsmanagement System, so lohnt es sich,
Aktivitäten im Rahmen dessen zu organisieren. Audits können zum Beispiel geplant werden. Wertvoll sind auch neutrale Reviews, die in der Regel von externen
Revisoren durchgeführt werden. Damit gewinnt das Management eine Drittmeinung.

Falls Normen oder Industriestandards eingehalten werden sollen, müssen die entsprechenden Maßnahmen eingeleitet werden.

Wie üblich bei solcher Bewertung, müssen die Aktivitäten gut vorbereitet werden.
Unter anderen müssen die folgenden Punkte klar sein:

- Welchen Scope hat die Prüfung?
- Wann und wie wird ein Bereich untersucht?
- Wie wird die Prüfung durchgeführt?
- Wer soll teilnehmen?

2.6.2 Issues priorisieren

Vor allem kurz vor der Einführung eines neuen IT-Systems spielt die Priorisierung der Fehler eine entscheidende Rolle. Verschiedene Reports und Analysen können zum Einsatz kommen. Die folgende Tabelle ist ein Beispiel des Issue Reportings im Allgemeinen.

Tabelle 20: Beispiel Report Issue Management

Testphase	Gesamt	beim IT-Experten		beim Tester		ohne Target-Release		open > 1 Monat	
		IST	%	IST	%	IST	%	IST	%
Issues AA-A-B (Go-live relevant)									
Issues C-D (nicht Go-live relevant)									
Issues Gesamt									

Die Spalten haben folgende Bedeutungen:

Spalte	Bedeutung	Quelle
Erste Spalte	Gibt an, welche Severities die (in dieser Zeile enthaltenen) Issues haben.	Konstant
Gesamt	Gesamtzahl der Issues. Prozentzahlen in den Folgezeilen beziehen sich auf diesen Wert.	Alle offenen Issues vom Typ „Fehler" (also nicht abgeschlossen)
Beim IT-Experten	Gibt an, welche Issues in Bearbeitung sind und zurzeit analysiert und gelöst werden.	Alle Issues vom Typ „Fehler", welche nicht den Status „geschlossen", „bereit für Test" oder „zurückgewiesen" haben.
Beim Tester	Gibt an, welche Issues beim Tester für den nächsten Bearbeitungsschritt sind.	Alle Issues vom Typ „Fehler", welche den Status „bereit für Test" oder „zurückgewiesen" haben.
Ohne Target	Issues müssen von der Parametrierung geplant werden. Diese	Alle Issues, bei denen das Feld „Target Release" leer ist.

Spalte	Bedeutung	Quelle
Release	Spalte zeigt, wie viele Issues noch nicht geplant wurden. Nicht geplante Issues sind potentiell ein Problemfall.	
Offen > 1 Monat	Issues, die älter als ein Monat sind, werden in dieser Spalte gezählt.	Für die Erstellung dieser Spalte wird das Feld „Gefunden am" ausgewertet.

Folgende Fragen können mit diesem Report beantwortet werden

Frage	Antwort
Wie viele offene Issues sind vorhanden?	Gesamtzahl der offenen Issues über alle Bereiche
Wie viele Go-Live relevanten Issues sind offen?	Kann Information über die Wahrscheinlichkeit der Systemeinführung geben
Wie viele Issues sind bei den IT-Experten, wie viele bei den Testern?	Kann hilfreich sein, um Engpässe zu identifizieren
Wie viele Issues haben kein geplantes Release-Datum?	Prüfung der Planungsqualität
Wie viele Issues sind seit mehr als einem Monat offen?	Statistische Erfahrungswerte

Tipps & Tricks

Bei „Hauptprobleme" werden, in der zweiwöchentlichen Reporterstellung, vom Testmanagement zusammen mit dem Testverantwortlichen des jeweiligen Teilprojektes diejenigen Issues aufgelistet, die den Testfortschritt am meisten behindern.

2.6.3 Maßnahmen zu offenen Issues definieren und verfolgen

Eine große Anzahl von Reports können erstellt werden. Diese können zusätzliche Informationen über den Gesamtstand einer Systemeinführung erläutern und können für Ad-hoc-Übungen dediziert aufgesetzt werden.

Vier Beispiele, die hilfreiche Zusatzinformationen liefern, sind Trend-Analyse, Issue Aging-Analyse, Messung der Erfolgsquote und Durchlaufzeiten.

Die Trend-Analyse zeigt im Laufe der Zeit die Status der Fehler pro Tag. Damit können Engpässe visualisiert werden. Liegen viele offene Punkte im Fachbereich oder muss das Testing straffer durchgeführt werden?

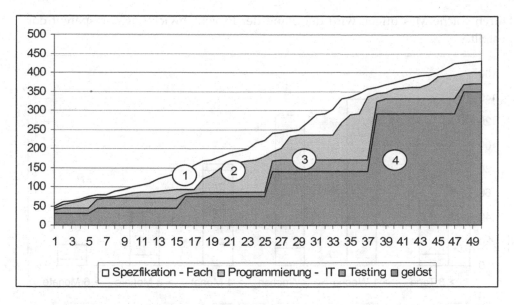

Abbildung 26: Trend-Analyse für Issue Management

Die obere weiße Fläche (siehe 1) zeigt die Entwicklung der entdeckten Fehler kumuliert auf Tagesbasis. Alle Fehler, die noch Abklärungsbedarf im Fach brauchen, sind in der weißen Fläche beinhaltet. Diese Fläche entspricht der Anzahl der Fehler im Status „neu", „offen" oder „zurückgewiesen". Die nächste Fläche (siehe 2) zeigt die Issues, die noch bei der Programmierung sind. Diese entspricht die Status „zugewiesen" oder „Test fehlgeschlagen". Die Fläche „3" stellt die Entwicklung der Fehler dar, wo bereits eine Lösung eingespielt worden ist und wo noch ein Test durchgeführt werden muss. Dieses entspricht dem Status „bereit für Test". Die Fläche „4" zeigt, wie viele Fehlermeldungen bereits abgeschlossen sind (Status = „geschlossen").

Je nach Größe der verschiedenen Flächen können gegebenenfalls Engpässe identifiziert werden. Entweder müssen Entscheidungen im Business getroffen werden, oder es fehlen Ressourcen in der Programmierung oder im Testwesen.

Bei der **Issue Aging-Analyse** wird eine andere Sicht über die gemeldeten Fehler verwendet. Ziel ist es, einen Rückstand der offenen Fehler zu vermeiden, damit keine Bugwelle entsteht.

Der Vorteil dieser Analyse ist die Garantie, dass kein Fehler „verloren" geht. Stellt man fest, dass Fehler in einem Bereich lang unberührt bleiben, besteht die Möglichkeit, die entsprechenden Punkte zu identifizieren. Vielleicht muss an dieser Stelle eine Verstärkung des entsprechenden Teams organisiert werden. Es ist auch möglich, die Analyse gezielt nach „Severity" oder Projektbereich zu verfeinern.

Durch solche Messungen wird der Stand der Projektabwicklung transparent dargestellt.

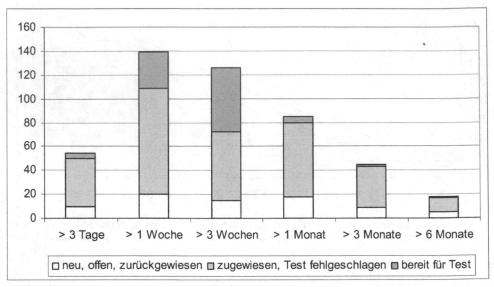

Abbildung 27: Issue Aging-Analyse

Im Rahmen einer Testkampagne kann die **Erfolgsquote** gemessen werden. Diese basiert auf der Messung der zu testenden Fehler, die effektiv am Ende einer Testkampagne erfolgreich abgeschlossen werden.

Tabelle 21: Gemessene Erfolgsquote anhand drei Testkampagnen

	Testkampagne 1	Testkampagne 2	Testkampagne 3
bereit für Test	100	100	100
Test durchgeführt	95	60	95
% durchgeführt	95 %	60 %	95 %
Test fehlgeschlagen	5	5	30
% fehlgeschlagen	5 %	8 %	32 %
erfolgreich abgeschlossen	90	55	65
% erfolgreich abgeschlossen	90 %	55 %	65 %

In den drei Beispielen (Testkampagnen 1 bis 3) können folgende Festlegungen gemacht werden:

- **Testkampagne 1**: gute Planung, da 95% der geplanten Tests effektiv durchgeführt werden und gute Qualität der umgesetzten Lösungen. Insgesamt eine gute Score.

- **Testkampagne 2**: die Durchführung der Tests ist problematisch und muss dringend verbessert werden. Fehlen Ressourcen im Testwesen oder funktioniert die Planung nicht? Die Qualität der Programmierung ist zufrieden stellend. Insgesamt liegt die Testkampagne 2 im mangelhaften Bereich.

- **Testkampagne 3:** gute Planung der Tests, aber leider ist eine schlechte Qualität der Programmierung feststellbar. Sind die Spezifikationen von guter Qualität oder ist die IT-Expertise ungenügend? Die Ergebnisse der Testkampagne müssen verbessert werden!

Bezüglich Durchlaufzeiten wird der Kampf gegen die Zeit in der folgenden Tabelle dargestellt.

Tabelle 22: Gemessene Durchlaufzeiten anhand vier Fehlererhebungen

	gefunden am ...	neu	zugewiesen	bereit für Test	geschlossen am ...	Durchlaufzeit (Arbeitstage)
Fehler 1	02.11.	03.11	05.11.	26.11.	15.12.	32
Fehler 2	22.11.	–	23.11.	26.11.	13.12.	16
Fehler 3	06.09.	06.09.	20.09.	24.01.	08.02.	112
Fehler 4	11.10.	11.10.	15.10.	05.11.	20.01.	74

Die Zeit zwischen der Entdeckung eines neuen Fehlers und der Mitteilung, dass die Fehlermeldung geschlossen ist, wird gemessen. Anbei Kommentare zu den vier Beispielen:

- **Fehler 1:** stellt den klassischen Fall dar. Die Zuordnung des Fehlers könnte noch schneller geschehen. Dies ist bei komplexeren Fällen nicht immer möglich. Es hat relativ lange gedauert, bis eine Lösung gefunden wurde. Anscheinend wurde die Lösung durch das Testing bestätigt.
- **Fehler 2:** stellt einen günstigen Fall dar. Entweder handelt es sich um ein „Retesting" oder der Fehler war schon vorher bekannt.
- **Fehler 3:** es hat lange gedauert, bis eine Lösung gefunden wurde. So eine Abwicklung ist nur akzeptierbar, wenn es sich um einen Fehler mit einer tieferen Severity handelt.
- **Fehler 4:** in diesem Fall ist es sicher ärgerlich, dass das Testing so viel Zeit in Anspruch genommen hat. Müssten gewisse Daten oder eine spezielle Infrastruktur zur Verfügung gestellt werden? Oder waren die Tester nicht aufmerksam genug? Auf jeden Fall sollte die Planung oder das Engagement der Tester verbessert werden.

Tipps & Tricks

Stellt man fest, dass in einem bestimmten kritischen Bereich Schwächen dauerhaft spürbar sind, soll eine „Task Force" einberufen werden. Durch den „Werkstatt-Modus", wo die Nähe zwischen den Teilnehmenden und das Management gewährleistet wird, können in der Regel große Fortschritte in kürzester Zeit erzielt werden.

3   Testarten

Wer in der Literatur oder im Internet bereits zum Thema Testing recherchiert hat, weiß, dass einem über 50 verschiedene Arten von Testbezeichnungen begegnen. Es herrscht in diesem Bereich eine große Vielfalt an Begriffen – sei es in englischer oder in deutscher Sprache – die teilweise dasselbe meinen, sich gegenseitig überschneiden oder aber nicht deckungsgleich sind.

Nachfolgend eine Liste dieser Testbegriffe:

➢ Akzeptanztest	➢ Alpha-Test
➢ Back-To-Back-Test	➢ Backup Test
➢ Belastungstest	➢ Benchmark Test
➢ Beta-Test	➢ Blackbox-Test
➢ Breaktest	➢ Build Verification Test
➢ Code-Inspektion	➢ Contention Test
➢ Crashtest	➢ End-of-Period Test
➢ Failover Test	➢ Funktionaler Test
➢ Generic Test	➢ Greybox-Test
➢ Installationstest	➢ Interoperabilitätstest
➢ Klassentest	➢ Kompatibilitätstest
➢ Komponententest	➢ Leistungsüberprüfung
➢ Linktest	➢ Loadtesting
➢ Lokalisierungstest	➢ Manual Test
➢ Methodentest	➢ Modultest
➢ Navigationstest	➢ Ordered Test
➢ Performance Profiling	➢ Proofing
➢ Recovery Test	➢ Schnittstellentest
➢ Sicherheitstest	➢ Skalierbarkeitstest
➢ Stresstest	➢ Systemtest
➢ Überdeckungstest	➢ Unit Test
➢ Usability-Test	➢ Verfahrenstest
➢ Verwaltbarkeitstest	➢ Volumentesting
➢ Web Test	➢ Whitebox-Test
➢ Zugangstest	

All diesen Testarten gemeinsam ist, dass es keine einheitliche und verbindliche Definition derselben gibt. Es ist dadurch schwer, den Überblick zu behalten.

Im Folgenden werden zwölf Testarten aufgeführt. Sie gliedern sich in die drei Gruppen von applikations-, infrastruktur- und userbezogenem Testing, die in diesem Buch verwendet werden:

Applikationsbezogen	**Infrastrukturbezogen**	**Userbezogen**
➢ Functional Unit Test	➢ Performance/Last-/	➢ "Freies" Testing
➢ Smoke Test	Massentest	
➢ Integrationstest	➢ Failover Test	
➢ Abnahmetest	➢ Spezialtest	
➢ Negativtest	➢ Penetration Test	
➢ Regression Test		
➢ End-to-End Test		

Pro Testart wird nachfolgend eine Definition formuliert. Es werden deren Eigenschaften beschrieben, um die Unterschiede zwischen ihnen deutlich zu machen. Zusätzlich werden Beispiele aus dem Bankbereich hinzugefügt.

Tipps & Tricks

Bereits am Anfang eines Projektes sollten genaue Definitionen der Testarten formuliert werden, bspw. beim Projekt Kick-off. Einerseits kann nicht davon ausgegangen werden, dass alle Begriffe bekannt sind. Andererseits ist so sichergestellt, dass alle Projektmitglieder unter den Bezeichnungen dasselbe verstehen.

Es empfiehlt sich, für die Bezeichnung einzelner Tests eine einfache Namensgebung zu definieren, z.B.:

FUT:	Functional Unit Test	INT:	Integrationstest
ABN:	Abnahmetest	EtoE:	End-to-End Test
PERF:	Performance Test	REG:	Regression Test

3.1   Functional Unit-Test

Synonyme: Modultest, Komponententest

Eine Software verfügt in der Regel über einzelne Komponenten, so genannte Units oder Module. Durch einen *Functional Unit Test* wird eine einzelne Unit auf ihre Funktionalität getestet. Das Testen einzelner Module erlaubt eine einfachere Prüfung der programmierten Funktionalitäten. Hierbei werden keine Schnittstellen und Abhängigkeiten zu anderen Modulen berücksichtigt.

Die Prüfung erfolgt üblicherweise durch die Programmierer selbst, da die Tests Kenntnisse der Programmstruktur und des Quellcodes erfordern.

Tipps & Tricks

Der Functional Unit Test muss nicht formell abgewickelt werden. Dafür lohnt es sich, Code Reviews oder Quality-Checks der Programme zu organisieren.

3.2 Smoke-Test

Synonyme: Build Verification-Test

Der Begriff „Smoke Testing" stammt ursprünglich aus dem handwerklichen Bereich und bezeichnet die rudimentäre Prüfung nach einer Reparatur, ob das bearbeitete Gerät grundsätzlich funktionstüchtig ist oder bereits bei der ersten Inbetriebnahme zu rauchen beginnt (z.B. weil die Stromkreise durchbrennen) bzw. testweise eingeblasener Rauch aus neu gelegten Leitungen austritt.

Im Softwarebereich entspricht ein *Smoke Test* einem ersten Testlauf, bei dem die grundlegenden Funktionen einer IT-Anwendung geprüft werden.

Tipps & Tricks

In der Regel erfolgen Smoke-Tests ohne Schnittstellen. Es handelt sich lediglich um einfache Tests über die Kernfunktionalitäten der Applikation.

Schlägt ein *Smoke Test* fehl, ist die Applikation derart beschädigt und fehlerhaft, dass weitere Tests keinen Sinn machen, weil wesentliche Funktionen nicht zur Verfügung stehen. In diesem Fall ist entweder schnellstmöglich eine Reparatur der betroffenen Funktionen vorzunehmen oder schlimmstenfalls auf die Einspielung der Änderungen zu verzichten. Die Tabelle zeigt ein Beispiel aus dem Bankenbereich.

Tabelle 23: Beispiel Eröffnung eines LSV-Vertrages

Testschritt Name	Testschritt Beschreibung	Erwartetes Ergebnis
Voraussetzung	Aktives Konto	Konto eines bestehenden Kunden.
Schritt 1	Neuer LSV-Vertrag auf Kontokorrent eröffnen.	Neuer LSV-Vertrag wird angezeigt und aktiv auf dem Konto registriert.
Schritt 2	Neuer LSV-Vertrag auf EUR-Konto eröffnen.	Neuer LSV-Vertrag wird angezeigt und aktiv auf dem Konto registriert.
Schritt 3	Neuer LSV-Vertrag auf Fremdwährungskonto (nicht EUR) eröffnen.	Hinweismeldung vom Bankenkernsystem, dass keine LSV-Verträge auf Fremdwährungskonten eröffnet werden können.

3.3   Integrationstest

Nachdem durch den Functional Unit-Test ein einzelnes Modul getestet wurde, erfolgt durch den *Integrationstest* die Prüfung des Zusammenspiels von verschiedenen Modulen.

Ein Integrationstest setzt voraus, dass die Schnittstellen technisch zur Verfügung stehen und dass die nötigen Batch-Jobs laufen. Der Test kann mit Testdaten (so genannten synthetischen Daten) durchgeführt werden.

Tipps & Tricks

Integrationstests sollten möglichst kurz gehalten werden und nicht mehr als zehn Schritte umfassen. Dies ermöglicht eine bessere Nachvollziehbarkeit der Fehler.

Die Tabelle zeigt ein Beispiel aus dem Bankenbereich.

Tabelle 24: Beispiel Kauf von Wertschriften

Testschritt Name	Testschritt Beschreibung	Erwartetes Ergebnis
Schritt 1	Transaktionen → Börse → Kauf/Kundenauftrag → Ausführen	Börsenmaske erscheint.
Schritt 2	Kunde bzw. Kontonummer mittels Suchmaske eingeben.	Kundename und Konto erscheinen.
Schritt 3	Menge (20), Valor und eventuell weitere Auftragsattribute erfassen.	Alle blauen Felder sind ausgefüllt. Der Börsenplatz SWX Swiss Exchange wird automatisch angezogen. Gültigkeit /Verfalltermin: taggültig
Schritt 4	Zum Handel → Ausführen	Leere Börsenmaske erscheint
Schritt 5	Lasche: Aktuellste Aufträge auswählen	Offener, platzierter Order ist ersichtlich.

3.4   Abnahmetest

Synonyme: Verfahrenstest, Akzeptanztest, User Acceptance Test

Wurde durch den Integrationstest das Zusammenspiel der vorhandenen Module sichergestellt, wird im Rahmen eines *Abnahmetests* geprüft, ob ein System alle vom Auftraggeber verlangten Anforderungen erfüllt. Es wird getestet, ob der Anwender für den späteren Betrieb mit der Software arbeiten kann. Ein solcher Test muss bereits auf einer realitätsnahen Plattform mit realen Daten und echten Berechtigungen erfolgen.

Tipps & Tricks

Dieselben Testfälle können zum Teil für Integration und Abnahme verwendet werden. Die Unterschiede liegen darin, dass bei der Abnahme mit echten statt mit synthetischen Daten und mit produktiven Berechtigungen anstelle von generischen Usern gearbeitet wird.

3.5 Negativtest

Synonyme: Provokationstest, falsifizierender Test, Schlecht-Test

Der Negativtest ist eine Erweiterung von Positivtests. Durch Positivtests wird geprüft, ob das Programm bei Eingabe von korrekten Daten den richtigen Verarbeitungsprozess durchführt. Im Gegensatz hierzu werden nun bei einem Negativtest bewusst falsche Eingaben getätigt. So können bspw. falsche oder unvollständige Daten eingegeben werden. Der Test verläuft erfolgreich, wenn das Programm mit einer entsprechenden Fehlermeldung reagiert.

3.6 Regression Test

Während der Lebensdauer einer neuen Software werden üblicherweise immer wieder Änderungen oder Korrekturen vorgenommen. Dies kann dazu führen, dass bei bereits erfolgreich getesteten Modulen plötzlich Fehler auftauchen, da Änderungen Auswirkungen auf den Rest eines IT-Systems haben können. Ein Fall aus der Praxis: ein System verfügt über mehrere „Mandanten", um die Geschäftsaktivitäten mehrerer juristischer Einheiten abwickeln zu können. Die Programmierung hingegen ist „mandantenunabhängig". In diesem Kontext soll ein Regression Test bei allen Mandanten stattfinden, wenn eine neue Programmierung für eine bestimmte Gesellschaft vorgenommen wird.

Es ist daher erforderlich, mindestens einen Teil der definierten Testfälle regelmäßig als Tests zu wiederholen, um solche Nebenwirkungen aufzuspüren. Diese Regression Tests haben zwangsläufig einen stark repetitiven Charakter. Deshalb ist es von Vorteil, wenn diese Tests automatisiert erfolgen können.

Das Regression Testing lässt sich schematisch darstellen (s. folgende Abbildung).

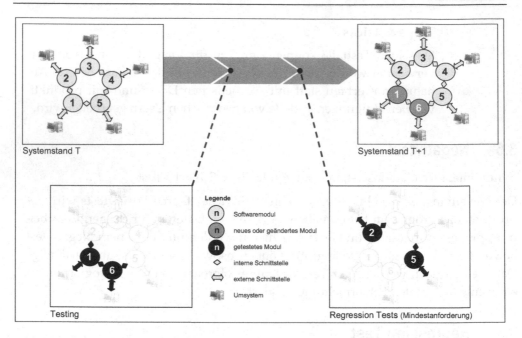

Abbildung 28: Schema Regression Test

Wird der Stand eines IT-Systems (T) durch ein geändertes (im Bild Modul 1) oder neues Modul (im Bild Modul 6) ergänzt, sind in einem ersten Schritt ausführliche Tests dieser Module selber (Module 1 und 6) sowie der direkt damit zusammenhängenden Schnittstellen notwendig. Damit lassen sich die direkten Auswirkungen überprüfen. Im Rahmen von Regression Tests werden weitere Module und Schnittstellen geprüft. Diese können in unterschiedlichem Umfang durchgeführt werden. Als Mindestanforderung sollten die am nächsten liegenden Module (im Bild die Module 2 und 5) und deren Schnittstellen getestet werden.

Tipps & Tricks

Wird ein IT-System komplett neu aufgesetzt, müssen keine Regression Tests eingeplant werden. Die Testkampagnen beziehen sich jeweils auf das ganze System.

3.7 End-to-End-Test

Neben den Grundfunktionalitäten der Software soll nun die erweiterte Funktionsweise der Software durch Zusatztests erprobt werden. Diese Tests beziehen alle Komponenten des Systemverbunds mit ein.

Zunächst wird mit einem End-to-End-Test ein gesamter Prozess durchgeführt und geprüft. Der Name kommt daher, dass man an einem Ende Daten in das System einspielt und am anderen Ende das richtige Ergebnis erwartet. Im Rahmen dieses

Prozesses werden die Funktionstüchtigkeit der Kommunikation zwischen den verschiedenen Applikationen und die Übermittlung der Daten beobachtet.

Für das Testwesen kann ein End-to-End-Test anhand der Interaktionen mit Kunden definiert werden. In einer sehr generischen Form können die verschiedenen entsprechenden Schritte und deren Hauptvarianzen dargestellt werden.

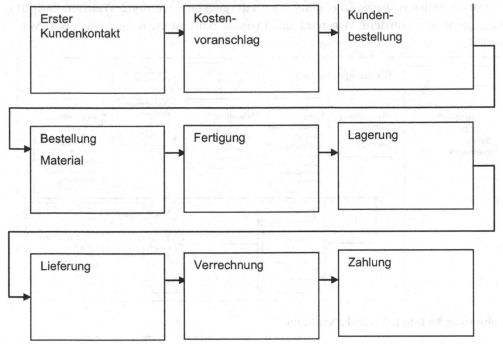

Abbildung 29: Generischer Ablauf im Fertigungsbereich

Tipps & Tricks

Die Anzahl der End-to-End-Tests kann auf zehn reduziert werden, basierend auf einem generischen Businessmodell. Ziel der End-to-End-Tests ist nicht, die Vielfalt sicherzustellen, sondern die Durchgängigkeit.

Mit End-to-End-Tests wurde nun getestet, ob die definierten Prozesse eingehalten werden und die richtigen Informationen am richtigen Ort ankommen. Damit wird sichergestellt, dass die Bankkunden mit der Bankapplikation bedient werden können.

Um möglichst realitätsnahe Fälle durchzuspielen, wurden folgende Szenarien angenommen:

- Neukunde ist an Geschäftsbeziehung interessiert
- Kunde hat das Bedürfnis, Steuern zu sparen

- Kunde möchte Geld aus Erbschaft anlegen
- Kunde braucht Finanzierung für Hauskauf

Für die Abläufe innerhalb einer Universalbank wurde je ein Bankprozess-Schema erstellt. In diesem Schema sind alle Abläufe für vom Kunden gewünschte Leistungen aufgeführt. Die entsprechenden Abläufe beinhalten Folgendes: welche Informationen müssen an welche Bereiche weitergegeben werden? Welcher Output muss generiert werden? Wie wird der Prozess bankintern festgehalten und verbucht?

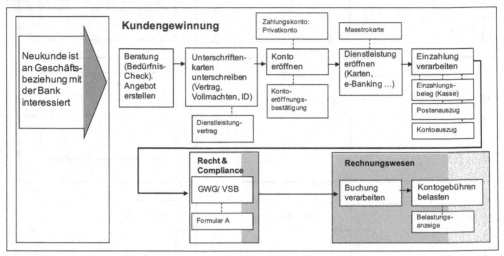

Abbildung 30: E-to-E-Testfall „Neukunde"

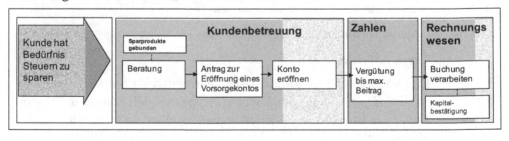

Abbildung 31: E-to-E-Testfall „Steuern sparen"

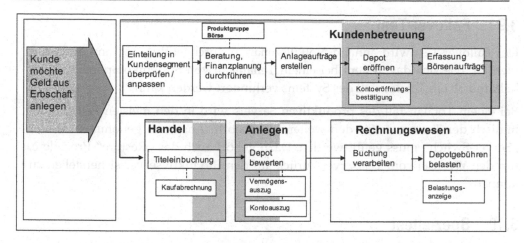

Abbildung 32: E-to-E-Testfall „Erbschaft anlegen"

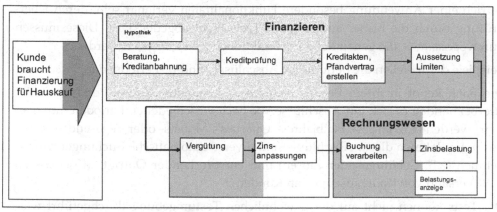

Abbildung 33: E-to-E-Testfall „Hausfinanzierung"

Die generischen Szenarien können mit Subprozessen ergänzt werden. Dies ermöglicht eine detaillierte Überprüfung gewisser kritischer Bankbereiche.

3.8 Performance-/Last-/Massentest

Synonyme: Stresstest und im erweiterten Sinn Loadtesting

Ein Softwaresystem muss auch unter großer Belastung reibungslos funktionieren. Deshalb wird das System im Rahmen von *Performance Tests* bewusst bis an die Belastungsgrenze und darüber hinaus unter Stress gesetzt. Dies erfolgt durch eine hohe Anzahl von gleichzeitigen Anfragen, komplexe Datenbankabfragen und Belastung mit hohen Dateimengen. Durch solche Tests sollen Performance-Engpässe lokalisiert und behoben werden.

3.9   Failover-Test

Der Failover-Test wird anhand Notfallszenarien durchgeführt. So kann überprüft werden, wie sich das System bei einem Teilausfall von Systemkomponenten verhält und ob ein Totalausfall des Systems verhindert werden kann.

Bei einem Totalausfall des produktiven Servers wird in den meisten Fällen automatisch der Testserver für den weiteren Betrieb in Anspruch genommen. Dieser „Server-Switch" muss geübt werden. Dazu gehört auch das „Restore"-Prozedere, um den Wechsel vom Testserver zurück auf den Produktivserver sicherstellen zu können.

3.10   Spezialtest

Je nach Geschäftstyp und Architektur einer Unternehmung können im späteren Betrieb einer Anwendung besondere Funktionalitäten verlangt sein, deren Überprüfung durch die bisher aufgeführten Tests nicht abgedeckt ist. Diese müssen durch *Spezialtests*, die genau auf diese Funktionen zielen, ergänzt werden.

Beispiele dafür stellen die periodische Abschlüsse (End-of-Periods) dar.

Die Bank kennt in ihrem Betrieb mehrere so genannte „End-of-Periods" (EoP). Hierbei handelt es sich um Abschlüsse, die nach verschiedenen Perioden durchgeführt werden (z.B. Jahres-, Halbjahres-, Quartals-, Monats- oder Tagesendverarbeitung). Im Rahmen dieser Abschlüsse sind diverse automatische Buchungen vorzunehmen (z.B. Gebühren oder Zinsen) und entsprechender Output zu generieren (z.B. Versand von Kontoauszügen an Kunden).

Die Tests können nicht auf der gewöhnlichen Testumgebung durchgeführt werden. Das „aktuelle" Datum kann auf der Testinstanz nicht willkürlich verändert werden. Deshalb wird zu diesem Zweck eine separate Testinfrastruktur eingerichtet, auf der die EoPs in kurzer Abfolge durchgeführt werden konnten. Dies erlaubt eine häufige Prüfung der korrekten Abläufe und eine rasche Kontrolle von vorgenommenen Korrekturen.

3.11   Penetration Test

Die Sicherheit von Software ist ein ganz wichtiger Aspekt des Testing. Durch einen *Penetration Test* wird ein Hackerangriff möglichst realitätsnah simuliert. Hierzu genügt ein automatischer Security Scan nicht. Vielmehr schlüpft der Tester in die Haut eines Hackers und versucht, Sicherheitslücken aufzuspüren, um in das System einzudringen.

Es ist zu beachten, dass ein solcher Test sehr aufwändig ist. Zudem ist während eines solchen „Angriffes" mit Auswirkungen auf die Performance zu rechnen (z.B. längere Antwortzeiten im Netzwerk). Schließlich darf der Aspekt nicht vernachlässigt werden, dass durch einen solchen simulierten Hackerangriff die Software beschädigt werden könnte, auch wenn dadurch eine Sicherheitslücke aufgedeckt wurde.

Tipps & Tricks

Im Rahmen von simulierten Hackerangriffen können Tools und Techniken verwendet werden, die möglicherweise der Strafverfolgung unterliegen oder durch interne Richtlinien betroffen sind. Es ist daher unerlässlich, dies vor einem solchen Test abzuklären und allfällig erforderliche Bewilligungen einzuholen.

Ein Penetration Test kann auf zwei verschiedene Arten durchgeführt werden, nämlich entweder im Wissen des IT-Teams, dass ein solcher Angriff bevorsteht, oder als „Überraschungsangriff", ohne dass das IT-Team davon weiß. In letzterem Fall muss die übergeordnete Sicherheitsinstanz informiert werden.

Üblicherweise wird hierzu eine Drittfirma beauftragt. Damit soll sichergestellt werden, dass nicht bereits im Voraus Maßnahmen ergriffen werden, um den Angriff abzuwehren. Nur so kann gewährleistet werden, dass die IT-Mitarbeiter auf außergewöhnliche Ereignisse reagieren, ohne vorerst genau zu wissen, worauf diese zurückzuführen sind.

3.12 „Freies" Testing

Neben allen geordneten und geplanten Tests soll auch die Gelegenheit bestehen, freie Tests zu machen. Die Testpersonen sollen hierzu ermutigt werden, selber zu experimentieren. Ihren Vorstellungen und ihrer Phantasie sind hierbei keine Grenzen gesetzt.

Tipps & Tricks

Passen Sie auf, dass die Systemgrenzen nicht überschritten werden. Auch das freie Testen sollte sich in einigermaßen realistischem Rahmen bewegen. So macht es z.B. keinen Sinn, ein Produkt innerhalb eines Tages eine Billion Mal fiktiv herstellen zu lassen, wenn dies in der Realität höchstens 2000 Mal im Jahr passiert.

B Lebenszyklen eines IT-Systems

4 Evaluation und Einführung

„Never change a running system" sagt der Volksmund gerne. Deshalb liegt die Frage nahe, wieso ein Unternehmen sich für eine neue IT-Lösung entscheidet, obwohl die aktuelle Lösung stabil und fehlerfrei läuft. Die Antwort soll aufgrund von drei Beispielen gegeben werden.

Beispiel 1: Veränderung der Firmenstruktur

Ein Montageunternehmen wuchs im Verlauf der Jahre von 3000 auf 8000 Mitarbeiter an und dehnte seine Aktivitäten auf 39 Länder aus. Das bestehende IT-System war so konzipiert, dass es diesen Wachstumsprozess unterstützte und die Integration neuer Firmen ermöglicht.

Nachdem das Unternehmen eine stabile Größe erreicht hat, haben sich die Bedürfnisse an die IT-Architektur mit der Zeit verändert. Die Mitarbeiter wechseln im Rahmen einer konzernweiten Personalrotation immer wieder ihren Arbeitsort. Die Aufgaben bleiben aber gleich und sollen auch am neuen Arbeitsplatz bewältigt werden können. Ebenso soll der Kontakt mit dem bisherigen Team bestehen bleiben. Deshalb wurde eine neue IT-Lösung aufgesetzt, mit dem jeder Arbeitsplatz über Video, Mail oder Instant Messaging zu einem anderen Arbeitsplatz kommunizieren kann.

Beispiel 2: Reduktion des Energieverbrauches

Die IT-Infrastruktur eines Unternehmens ist energieaufwändig. Dies betrifft sowohl die Rechenzentren als auch die PCs und Monitore. Während bei den PCs durch Anpassung der Systemkonfiguration und die richtige Hardware-Komponenten-Wahl viel Energie eingespart werden kann, erfordert der Wunsch nach sparsameren Servern oft deren Ersatz und damit verbunden das Aufsetzen eines neuen Systems.

Beispiel 3: Ersatz von Papierformularen durch elektronisches Verfahren

Für die Beförderung von verbrauchssteuerpflichtigen Waren (Alkohol, Tabakwaren und Energieerzeugnisse) zwischen den Mitgliedsstaaten war in der Europäischen Union bisher die Abfertigung über Papierformulare notwendig, welche stets der Ware beiliegen mussten. Mit der neuen IT-Lösung können die Zollabfertigungen leichter, schneller und billiger durchgeführt werden.

Der Entscheid für die Einführung eines IT-Systems erfolgt durch das Governance-Modell des Unternehmens und ist strategischer Natur, da wertvolle Ressourcen des Unternehmens über eine längere Zeit verbunden bleiben. Neben der strategischen Bedeutung des Projektes spielt der Business Case (potentielle Benefits versus

Kosten) eine wesentliche Rolle. Weitere qualitative Faktoren (auf English „Soft factors") sind auch ausschlaggebend im Entscheidungsprozess.

Ein Wechsel auf eine Standardplattform ist eine schwierige Entscheidung, wo Chancen und Risiken abgewogen werden müssen:

Chancen:

- Bedürfnisse des Marktes und hohe Produktinnovation dank Produkteinführung
- reduzierte Komplexität (weniger Umsysteme)
- reduzierte Betriebskosten
- Fehlerreduktion in der Abwicklung
- Flexibilität und "Time-to-Market" in der system-technischen Umsetzung zur Adressierung von neuen Geschäftspotenzialen
- Dank einer Standardsoftware können Synergien ausgeschöpft werden
- Für den Betrieb der Software gibt es am Markt mehrere erfahrene Firmen

Risiken:

- Für die Einführung einer Standardsoftware muss ein Migrationsprojekt gebildet werden
- Zeitdruck, um Termine wegen Vertragskündigungen einhalten zu können
- Kosten und operationelle Risiken eines komplexen Migrationsprojektes

Hat man sich dafür entschieden, eine neue IT-Lösung für die geänderten Bedürfnisse einzuführen, ist die Durchführung eines Projektes notwendig. Dieses beinhaltet typischerweise fünf Phasen:

Initiierungsphase: Die neue Softwarelösung wird ausgewählt und ein Projekt ins Leben gerufen.

Konzeptphase: Die Anforderungen an die neue Software werden definiert und die entsprechenden Tests geplant. Hierzu gehören die Testorganisation, die Testsysteme und die Qualitätsüberprüfung.

Realisierungsphase: Das neue IT-System wird gebaut und mittels Integrationstests auf seine Betriebsfähigkeit geprüft.

Einführungsphase: Die System-Vorbereitung wird abgeschlossen und die einzelnen Software-Teile mittels Abnahmetests für den Betrieb freigegeben.

Stabilisierungs-/Nutzungsphase: Das IT-System wird operativ in Betrieb genommen, und es werden Korrekturen vorgenommen.

4.1   Projektphase 1: Initiierung

4.1.1   Machbarkeitsstudie und Wahl der SW-Lösung

Die Machbarkeitsstudie für die Abwicklung einer neuen IT-Plattform ist hilfreich, um folgende Fragen beurteilen zu können:

- Ist eine Migration während des vorgesehenen Zeitrahmens machbar?
- Sind für das Vorhaben genügend qualifizierte Ressourcen am Markt verfügbar?
- Ist die Lösung bei Unternehmen vergleichbarer Größe im Einsatz?
- Entspricht der Lösungsumfang den Anforderungen des Unternehmens?
- Wie hoch sind die Migrations- und Betriebskosten?
- Welche Garantie- und Gewährleistungsregelungen kommen zur Anwendung?
- Welche Migrationsvorgehensweise kann gewählt werden?

Im Bankenbereich muss man mit einer Projektlaufzeit inklusive Produktevaluation von 12 bis 48 Monaten rechnen, um eine Universalbank komplett auf einer neuen IT-Plattform zu migrieren.

Dennoch finden große Unterschiede in den Projekten statt, vor allem in der Dauer der Evaluationsphase. Je nach Ansatz (Top-down/Bottom-up) und Entscheidungsfreudigkeit der Banken liegen diese zwischen einigen Monaten und sogar einigen Jahren. Die Laufzeiten der Realisierung werden primär durch das Projektvorgehen, den Scope des Projektes, die GAPs im Produkt (GAP = „Produktlücke", wo Anforderungen de facto nicht erfüllt werden), die Komplexität der Integration und Anzahl der Schnittstellen gegeben. Hier liegen die Banken in einem wesentlich engeren Zeitrahmen von 10 bis 18 Monaten.

Die Projektdauer ist nicht primär vom gewählten Produkt abhängig, sondern vielmehr vom Projekt-Setting und den bankspezifischen Eigenheiten. Neben dem genutzten Funktionsumfang der Lösung (Bankleistungen & Produkte, Automatisierungsgrad & Fertigungstiefe der Bank) sind vor allem nachfolgende Treiber für die Laufzeit ausschlaggebend und aber auch maßgebend für die Qualität eines Migrationsprojektes.

Bereitschaft, sich den Konzepten und dem Parametrisierungsrahmen des gewählten Produktes zu stellen und die Bank damit abzubilden. Insbesondere gilt dies für nicht differenzierende Prozesse in den Banken. Die Nichteinhaltung führt zu einer Flut von funktionalen Anforderungen gegenüber dem Produkthersteller und zu zeitraubendem Spezifikations-, Parametrisierungs- und Testaufwand oder gar zu Grundsatzdiskussionen mit dem Hersteller.

Keine neuen Funktionsbereiche der Standardsoftware benutzen. Hier hätte die Organisation zusätzlichen Spezifikations- und Testaufwand im Projekt. Zudem stehen die neuen Funktionalitäten meist sehr spät im Projekt zur Verfügung und haben nicht dieselbe Qualität wie bereits produktiv eingesetzte Komponenten.

Qualität und Kompetenz des Projektteams. Ein wesentlicher Erfolgsfaktor bei einem solchen Vorhaben ist die Zusammensetzung und Entscheidungskompetenz der Projektteams. Dazu wird folgendes benötigt:

- Hohes Maß an Leadership in der Projektleitung

- Senior-Kenner der Bank und ihrer Prozesse und Daten innerhalb des Projektteams
- Starker Einbezug des Business inkl. Entscheidungskompetenz innerhalb des Projektteams. Die Migration auf ein Standardprodukt ist primär ein Business- und nicht ein IT-Projekt. Die Software ist gebaut, es gilt sie korrekt auf die Bank einzustellen.
- Einbezug von erfahrenen Spezialisten in Projekt-/Architekturmanagement großer, komplexer Migrationsvorhaben (vom Markt)
- Hohe Produktkompetenz unter Einbezug erfahrener Produktspezialisten vom Markt (Parametrisierung, Schnittstellenbau, Business-Analyse, Engineering, Datenbank)
- Unmittelbarer Aufbau von bankeigenem Produkt-Know-how für effiziente und zielgerichtete Spezifikationen, Parametrisierungen und den späteren Betrieb
- Bonus-Programm

Rigides Scope Management

- Primäre Migration der heutigen Funktionalität
- Optimierungen von heutigen Defiziten sehr restriktiv handhaben
- Planung von nachgelagerten Releases für Optimierungen und Bugfixing; nimmt den Druck, alles auf die Einführung vollständig und ,perfekt' gelöst zu haben
- Organisatorische Lösungen für Spezialthemen als ,work-around' nicht scheuen und umsetzen.

Etablierung von effizienten Entscheidungsprozessen bezüglich

- zwingend notwendiger Anpassungen von Bankprozessen und Regelwerken zur Vereinfachung einer Lösungsfindung
- Bereitschaft, alte Zöpfe und heutige, individuelle Lösungsansätze zu verwerfen

Verwendung von Standardschnittstellen des Bankenkernsystems zu Umsystemen. Teilweise ist der Ersatz eines Umsystems kostengünstiger als der Bau einer individuellen Schnittstelle. Zu berücksichtigen ist hier auch der markante Kostenvorteil bei zukünftigen Upgrades.

Datenqualität. Umfang, Qualität und Integrität der Daten sind sehr wichtig.

Einbezug und Zusagen des Herstellers für GAP-Schließung und Einführungssupport. Für die Umsetzung von funktionalen Anforderungen und Reaktionsverhalten im Einführungszeitraum ist die Reservation von Entwicklungskapazitäten und Key-Ressourcen sehr entscheidend. Sonst kann wegen Hersteller-Engpässen (Bug-Behebung, GAP-Schließung) die Einführung zum Risiko werden.

Ein ganzes Migrationsprojekt bedeutet für eine Organisation einen „Ausnahmezustand" und fordert über deren Laufzeit alle Hierarchiestufen. Dies alleine zu bewältigen ist im Rahmen des Zeitfensters, der Kapazitäten und dem Know-how einer primär auf Betrieb ausgerichteten Bank nicht möglich. Dies führt unweigerlich zu einer Projektorganisation mit gemischten Teams aus internen und externen, bankfachlichen und technischen Spezialisten. Die Organisation muss zudem während des Projektes eine große Menge an Entscheidungen bewältigen und einen permanenten Informationsfluss gegenüber der Bank und ihren Mitarbeitern sicherstellen, was zwingend den Einbezug der Geschäftsleitung in die Projektorganisation erfordert.

Bei der Wahl der SW-Lösung ist zu entscheiden, welche Bedürfnisse die neue Software erfüllen soll. Fachwissen über Prozesse, Produkte und Daten stehen im Zentrum der Arbeiten. Das Verhalten der Software wird eingestellt, nicht gebaut. Dank Systemeinstellungen (genannt Parametrierung oder auf Englisch „Customisation") werden die Bankprodukte, Abläufe, Regelungen und Konditionen in der Software-Lösung eingestellt.

Für den Entscheid zugunsten einer Software fallen viele verschiedene Kriterien ins Gewicht. So gehören z.B. sicher die Kosten, der Support, die Marktposition des Anbieters oder die Entwicklungsmöglichkeiten zu den fixen Entscheidungsgrundlagen. Lösungen für das Testing sind auch von zentraler Bedeutung. So kann eine Software beispielsweise bereits integrierte Testmöglichkeiten bereitstellen, welche die Überprüfung der Anforderungen erleichtert.

Tipps & Tricks

Man sollte vermeiden, die „alte" Lösung 1:1 nachbauen zu wollen, sondern sich bemühen, die definierten Standardabläufe der neuen IT-Lösung umzusetzen.

Es ist von Vorteil, wenn mehrere Anbieter kontaktiert werden. Damit wird vermieden, in einer Monopol-Situation verhandeln zu müssen. Neben dem Vorteil für die Durchführung von finanziellen Verhandlungen bietet sich die Gelegenheit, einen Produktvergleich durchzuführen.

Die Wahl des SW Providers soll gemäß des regulären Einkaufprozedere erfolgen und auf höchste Managementebene der Organisation getragen werden. Zudem ist auch wichtig, das Management des SW Partners in dem Migrationsprojekt zu involvieren und über einen Vertreter bei der Projektdurchführung zu verfügen. Folgende Matrix kann auch für die Analyse verwendet werden. In dem beiliegenden Beispiel handelt es sich beim Hersteller A sicher um ein marktführendes Unternehmen mit entsprechenden finanziellen Ansprüchen. Im Gegensatz zum Hersteller C, der sich sicherlich als „New Comer" in dem Markt entwickeln möchte.

Tabelle 25: Auswertungsmatrix bei SW-Wahl

Kriterien	Gewicht	Max. Punkte	Hersteller A Bewertung	Punkte	Hersteller B Bewertung	Punkte	Hersteller C Bewertung	Punkte
1 Allgemein	5	15	7	11	4	6	2	4
10 Marktanteil	1	3	3	3	1	1	0	0
11 Expertise in Beratung	1	3	2	2	2	2	1	1
12 Referenzen	3	9	2	6	1	3	1	3
2 Projekterfahrung	12	36	10	31	7	22	4	9
21 Vorgehensweise	3	9	2	6	2	6	1	3
22 Sprachkenntnis	5	15	3	15	2	10	0	0
23 Entwicklungskompetenzen	2	6	3	6	2	4	2	4
24 Programmierungskapazität	2	6	2	4	1	2	1	2
3 Industrie/Bankerfahrung	5	15	4	10	2	6	0	0
31 aktuelle Referenzen im Projekt	3	9	2	6	2	6	0	0
32 aktuelle Referenzen im Betrieb	2	6	2	4	0	0	0	0
4 Ressourcen	5	15	4	10	4	10	3	7
41 Kapazität der Ressourcen	3	9	2	6	2	6	1	3
42 genannte Ressourcen	2	6	2	4	2	4	2	4
5 Kosten	10	30	2	10	3	17	4	24
51 Transparenz	3	9	1	3	1	3	1	3
52 Preisgestaltung	7	21	1	7	2	14	3	21
6 Lieferobjekte Migration	25	75	20	56	14	39	14	41
61 Unit-Integration-Testing	5	15	2	10	2	10	2	10
62 Abnametests	1	3	3	3	1	1	2	2
63 NFAs Tests	1	3	1	1	1	1	1	1
64 Parametrierung der Lösung	5	15	2	10	2	10	2	10
65 Schnittstellen	4	12	3	12	1	4	2	8
66 Dokumentation	5	15	2	10	1	5	1	5
67 Autorisierungen	1	3	2	2	2	2	2	2
68 Schulung	1	3	2	2	2	2	1	1
69 Cutover	2	6	3	6	2	4	1	2
7 Betrieb	38	114	5	58	5	66	4	64
71 Kosten	18	54	1	18	2	36	3	54
72 Upgrade Policy	10	30	2	20	1	10	1	10
73 Support Möglichkeit am Markt	10	30	2	20	2	20	0	0
Summe	**100**	**300**	**52**	**186**	**39**	**166**	**31**	**149**

Bewertung:
0 = schwach
1 = ausreichend
2 = gut
3 = sehr gut

4.1.2 Definition der Umsetzungsstrategie

Steht bereits die Wahl des Anbieters, werden die finalen Vertragsverhandlungen durchgeführt. Die durch das Softwarehaus zu erbringenden Leistungen müssen vollständig und präzise definiert werden. Ansonsten besteht die Gefahr, dass langwierige Nachverhandlungen oder teure Zusatzleistungen seitens des Softwareanbieters entstehen.

In den meisten Fällen erfolgt die Einführung nicht nur mit internen Arbeitskräften, sondern mit der Unterstützung eines Beratungsunternehmens. Wenn eine SW-Lösung am Markt etabliert ist, stehen spezialisierte und zertifizierte Beratungsfirmen zur Verfügung, die die Integrationsfunktion übernehmen. Bei der Wahl eines Generalunternehmens soll viel Wert auf die Qualität und Verfügbarkeit der einzelnen Berater gelegt werden.

Im Vorgehenskonzept bei der Systemeinführung sollen die Merkmale, wie Modularisierung, Konfiguration, Regelwerke, Programmgeneratoren dokumentiert werden. Die IT-Systemarchitektur ist auch für die Bestimmung der Teststrategie von großer Bedeutung. Ganz entscheidend für die Planung der Tests bleiben die Art und Weise, wie das Testsystem gebaut wird.

In vielen Fällen ist es erstrebenswert, eine erste Installation der neuen Software so früh wie möglich zu realisieren. Damit soll der Bau des neuen Systems sofort starten, am besten basierend auf eine existierende funktionierende Lösung. Sehr schnell stellt sich die Frage, wie und wann das Testsystem aufgebaut wird. Folgt man der „V"-Vorgehensweise, wird in der Regel das Testsystem erst zusammengebaut, wenn die einzelnen Module fertig parametrisiert werden. Bei einer iterativen Vorgehensweise hingegen werden die verschiedenen Bauelemente von Anfang an in regelmäßigen Abständen geliefert und getestet. Die Vorteile dieses Vorgehens sind einerseits die Möglichkeit, die Entwicklung früh zu testen und die ersten Fehler schnell zu entdecken, andererseits die einzelnen Entwicklungen regelmäßig auf die Gesamtentwicklungsinfrastruktur einzuspielen. Bezüglich der ganzen Projektplanung und Fortschrittskontrolle geben die Testaktivitäten den Arbeitstakt.

Tipps & Tricks

Bei einem iterativen Vorgehen ist es empfehlenswert, in einem 2-Wochen-Takt zu arbeiten. Zu lange Zeiträume verhindern ein schnelles Testing und eine rasche Entdeckung der Systemfehler, während ein ein-wöchentliches Tempo kaum tragbar ist (zu viel Aufwand für das Aufsetzen des Testsystems nötig).

4.1.3 Bestimmung der Projektorganisation

Die Projektorganisation soll mit dem klassischen Einsatz „Steering Committee – Projektleitung – Projektmitarbeiter „ definiert werden:

- **Steering Committee** (STC): überwacht das Erreichen der Projektziele, das Einhalten der Meilensteinplanung, das Einhalten des Projektbudgets und ist für die Abnahme von Ergebnissen und die Freigabe der nächsten Projektphasen verantwortlich,
- **Projektleitung**: ist für eine ordnungsgemäße Planung und Durchführung des Projektes, die Realisierung des Projektnutzens und eine zeitnahe und korrekte Information des STC verantwortlich und rapportiert regelmäßig Projekt-Status und Projektkosten.
- **Projektmitarbeiter:** liefern die ihnen zugeteilten Aufträge fristgerecht und in der notwendigen Qualität, informieren ihren Vorgesetzten über ihren Aufwand (Ressourcenplanung).

Bei größeren IT-Projekten empfiehlt sich die Aufteilung in einzelne Teilprojekte oder Projektteams. Diese sind für einen bestimmten Geschäftsbereich verantwortlich und kümmern sich um die gesamte Entwicklung in diesem Bereich. Diese

Teilprojekte können sich aus internen Mitarbeitern, die aus dem Tagesgeschäft für die System-Entwicklung herangezogen werden, aber auch aus externen Mitarbeitern, die IT-Fachwissen in das Teilprojekt einbringen, zusammensetzen.

In Bezug auf das Testwesen ist es bei der Einführung eines neuen Systems sinnvoll, wenn die Testpersonen direkt in den Teilprojekten integriert sind. Das Testing erfolgt also dezentral.

Ein Projektteam, unter der Führung eines Teamleiters, besteht aus IT-Experten, die das neue System parametrieren, und aus Testern, die prüfen, ob die funktionalen Anforderungen korrekt abgedeckt sind. Zusätzlich werden weitere Teams gebildet, so genannte IT-Teams, die sich um Querthemen, wie IT-Infrastruktur, technische Datenmigration, technische Umsetzung der Autorisierungen und Programmierung der Schnittstellen kümmern.

Projektorganigramm mit einer dezentralen Testing-Organisationsstruktur

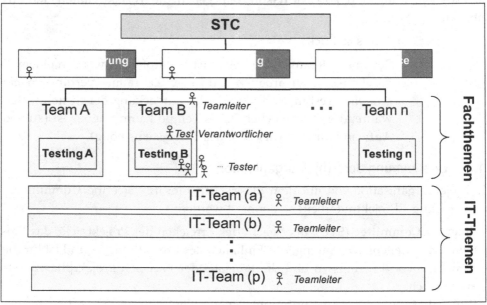

Abbildung 34: Projektorganigramm mit einer dezentralen Testing-Struktur

Die Stärke dieser Organisationsstruktur liegt darin, dass die Testpersonen nahe am Projekt sind und einen einfacheren Zugang zu den für sie wichtigen Informationen haben. Das Projektteam „Qualitätssicherung" übernimmt eine koordinierende und überwachende Funktion, führt aber selber keine Tests durch.

Die Herausforderung bei dieser Struktur ist es, ein einheitliches Testing durchzuführen. Auch übergreifende Tests erfordern einen höheren Koordinationsaufwand. Schließlich besteht die Gefahr, dass nicht genügend Testressourcen zur Verfügung gestellt werden, da die Testpersonen anderweitig eingesetzt werden (z.B. für Schulung). Diesen Risiken gilt es mit gezielten Maßnahmen zu begegnen.

Tipps & Tricks

Der Test Manager, der im Team „Qualitätssicherung" angesiedelt wird, soll sich einmal in der Woche mit den Test-Verantwortlichen der einzelnen Teams während eines bilateralen Gesprächs austauschen.

4.1.4 Grobe Projektplanung

Projektphasen werden auf die Gesamtprojektebene definiert und eingeplant. Damit wird der zeitliche Rahmen für alle Projektaktivitäten definiert. Zusätzlich soll eine Detailplanung der einzelnen Phasen stattfinden, am besten immer eine Phase im Voraus. Falls die Komplexität für die Detailplanung zu hoch ist oder einen zu großen Aufwand generiert, besteht die Möglichkeit, eine Art „rollende Planung" zu konzipieren. Es wird zum Beispiel immer ein Quartal anstatt einer ganzen Phase im Voraus geplant.

Das Reporting über die Projektaktivitäten erfolgt anhand der Projektplanung. Es wird empfohlen, wöchentliche Projektberichte durch die Projektteams zu erstellen. Damit wird das ganze Projekt über den Abwicklungsstand informiert. Eine Verschiebung einer Projektaktivität muss aufgrund der verschiedenen Abhängigkeiten sorgfältig analysiert und durch die Projektleitung genehmigt werden.

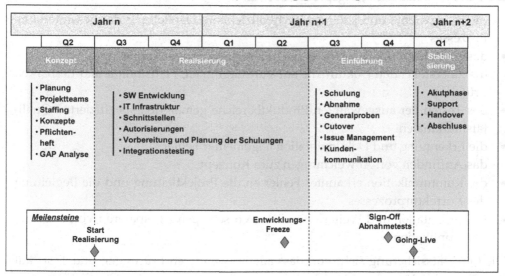

Abbildung 35: Grobe Projektplanung

Zudem ist die Definition der Hauptmeilensteine von großer Bedeutung. In der Realität ist es kaum möglich, dass alle Projektteams diese Meilensteine erreichen, da die Gesamtabwicklung nicht „linear" stattfindet. Extraunterstützung soll dann für die verspäteten Teams organisiert werden. Hilfreich ist auch im „Task Force"-Modus zu arbeiten. Sollten zu viele Teams im Rückstand stehen oder die Entwicklung des Systems zu unstabil sein, kommt die Verschiebung des Go-Live in Frage. Schon am Anfang des Projektes soll ein Alternativtermin definiert und kommuniziert werden. Für so eine Migration soll eine mögliche Verschiebung des Go-Live-Termins von drei bis 6 Monaten vorgesehen werden.

Tipps & Tricks

Die Planung soll vom Go-Live-Datum bis zur Konzeptphase stattfinden, d.h. eigentlich von „Rechts" nach „Links". Dadurch stellt man schnell fest, ob die Zeit zu knapp ist. Es ist schon möglich, Engpässe zu identifizieren. Bitte auch Urlaubzeit, vor allem im Sommer, berücksichtigen und gegebenenfalls eine Urlaubsperre frühzeitig planen und ankündigen.

4.1.5   Qualitätssicherung

Das Thema „Testing" ist eng mit dem Thema „Qualitätssicherung" verbunden. Aus dem Grund macht es Sinn, beide Themen zu kombinieren, wobei Qualitätssicherung ein breiteres und leicht anderes Spektrum umfasst.

Ziele des Qualitätssicherungsprozesses sind:

- die transparente und jederzeit nachvollziehbare Darstellung des gesamten QS-Prozesses
- das Auffinden möglichst vieler, insbesondere schwerer Fehler
- die zu erstellenden Dokumente auf Vollständigkeit, Plausibilität und Lesbarkeit prüfen
- das Testen der ausgewählten Produktbereiche gemäß den spezifizierten Qualitätsmerkmalen
- die Erkennung und Dokumentation allgemeiner Fehler
- das Auffinden von Abweichungen zum Konzept
- die Kommunikation erkannter Fehler an die Projektleitung und die Begleitung des Korrekturprozesses
- Dokumentation und Weiterleitung von Vorschlägen zur späteren Verbesserung der Applikation

Die Qualitätssicherung sieht vor, dass alle notwendigen Prüfungen und Tests auf der Basis der Vorgaben des Qualitätsmanagements bzw. des Qualitätsmanagementsystems geplant, vorbereitet, wirksam und nachvollziehbar durchgeführt und ausreichend dokumentiert werden. Zu den Aufgaben der Qualitätssicherung gehört ferner auch das Berichtswesen über die Durchführung der QS-Aktivitäten und deren Ergebnisse und Trends.

Eine Grundlage für die Planung der Qualitätssicherung bildet die Projektplanung. Ausgerichtet auf die geplanten Fertigstellungstermine der Zwischen- und Endergebnisse und auf die Qualitätsziele des Projektes werden die zur Sicherung der Qualität erforderlichen Prüfungen und Tests eingeplant.

Es werden jeweils die Zuständigkeiten, die Verfahren von Prüfungen, die anzuwendenden Testkriterien, Termine, Ressourcen und weitere organisatorische Details festgelegt. Ziel der Prüfungen und Tests ist es, die Erfüllung der gestellten Anforderungen nachzuweisen oder allfällige Abweichungen von den Soll-Vorgaben aufzuzeigen.

Der Qualitätssicherungsplan beschreibt den Umfang aller QS-Aktivitäten des Projekts. Das Ziel des Qualitätssicherungsplans ist es, die Qualitätsanforderungen an das Projekt so zu beschreiben, dass die Qualität überprüf- und messbar wird. Nur auf Grundlage der beschriebenen Qualität können Qualitätssicherungsmaßnahmen zielgerichtet durchgeführt werden.

Tipps & Tricks

Um Interessenkonflikte zu vermeiden, sind dabei die Aufgaben «Erstellen eines Ergebnisses» und «Prüfen desselben Ergebnisses» grundsätzlich durch unterschiedliche Personen wahrzunehmen.

Die Projekt-QS ist dem Projektausschuss unterstellt, berichtet laufend über den Stand der Qualität und führt in seinem Auftrag Prüfungen und Analysen durch. Sie überprüft unabhängig die Arbeiten aller Stufen der Projektorganisation und der betroffenen Instanzen. Sie führt verschiedenartige Prüfungen durch, macht Stichproben und beobachtet das Projekt im Sinne einer Drittmeinung. Die Projekt-QS sorgt dafür, dass das im QS-Plan zugrunde liegende Qualitätsbewusstsein von allen Projektbeteiligten getragen wird und ist für die Durchführung der definierten QS-Aktivitäten verantwortlich.

Thematische Prüfungen entlang des kritischen Pfades im Projekt stellen die Qualität sicher, so dass auf Fehlentwicklungen früh bzw. rechtzeitig reagiert werden kann. Im Falle von vermuteten Qualitätsmängeln werden mittels ausgewählten Stichproben die Ergebnisse inhaltlich untersucht. Die Schwerpunkte der Prüfungen werden für die Umsetzungs- und Implementationsphase festgelegt. Die Prüfschwerpunkte werden jeweils in Zusammenarbeit mit der Projektleitung geplant und vorbereitet. In der folgenden Tabelle sind verschiedene Prüfarten im Rahmen des Qualitätsmanagement aufgelistet.

Tabelle 26: Prüfarten im Rahmen des Qualitätsmanagement

Prüfart für Qualitätssicherung	Bedeutung im Projekt
Peer Review (4 Augen Prinzip) Mittels Peer Review wird ein Qualitätscheck durchgeführt.	Diese Methode ist im wissenschaftlichen Umfeld sehr verbreitet und kann bei der Software-Entwicklung wertvoll umgesetzt werden.
Testing Die Durchführung von Tests ermöglicht die Prüfung der Lauffähigkeit.	Das Testing soll nah an der Entwicklung sein, so dass Abweichungen zu Spezifikationen und Systemfehlern schnell entdeckt werden können.
Umfrage Mittels Umfrage werden Feedbacks gesammelt.	Umfragen werden aufgesetzt, um Feedbacks über Projektleistungen zu erhalten, z.B. Schulung, Entwicklungsstand des Systems an den Generalproben
Prüfung/Plausibilisierung Damit werden Bestände verglichen, um sicherzustellen, dass die Daten konsistent bleiben.	Bei der Datenmigration ist es besonders wichtig, solide Prüfmechanismen zu definieren, die eine zuverlässige und klare Aussage bezüglich Datenkonsistenz ermöglichen.
Audit Mit Audits sollen die Produktivität und Leistungen eines Projektteams, die Konformität von Projektergebnissen mit vorgegebenen Standards sowie die Wirksamkeit der eingesetzten Methoden und Werkzeuge geprüft werden. Sie sollen konkrete Problemsituationen (Abweichungen des Ist-Zustandes zum Soll-Zustand) identifizieren und gezielt Lösungs- und Verbesserungsvorschläge anregen.	Mittels Audits wird die Qualität des Projektmanagements aller Stufen und deren Ergebnisse beurteilt. Der Schwerpunkt des Audits wird je nach Projektfortschritt situativ festgelegt.
Stichproben Unter Stichprobe ist eine detaillierte Prüfung (in Anlehnung an Review IEEE-Norm 729-1983 oder Walk-Through) von einzelnen Objekten oder Ergebnissen zu verstehen.	Die Stichprobe wird durchgeführt, um die Qualität eines Arbeitsergebnisses bzw. Prozesses zu beurteilen. Die Auswahl der zu prüfenden Ergebnisse basiert auf der durch die Projekt-QS oder das

Prüfart für Qualitätssicherung	Bedeutung im Projekt
Review Ein Review (IEEE-Norm 729) ist ein mehr oder weniger formaler, strukturierter Analyse- und Bewertungsprozess, in dem Projektergebnisse einem Team von Gutachtern präsentiert und von diesen kommentiert oder genehmigt werden.	Controlling durchgeführten, laufenden Prüfung der Meilensteine. Mittels eines Reviews werden Ergebnisse gemäß den definierten Qualitätseigenschaften überprüft. Der Review wird für im Rahmen des Projekts wichtigen oder entscheidenden Arbeitsresultate angewendet, mit dem Ziel der Freigabe von Projektergebnissen.

Die Projekt-QS führt eine laufend aktualisierte Liste mit allen für das Projekt relevanten Risikofaktoren. Jeder dieser Risikofaktoren erhält eine Bewertung, welche von der Eintrittswahrscheinlichkeit sowie von seinem Einfluss auf das Projekt abhängig ist. Diese Bewertung wird mit einer Tendenzangabe ergänzt. Die kritisch bewerteten Risikofaktoren werden in QS-Berichte im Detail beschrieben, und die Projekt-QS bringt Vorschläge für allfällige Vermeidungs- und Vorsorgemaßnahmen.

Im Verlauf des Projekts sollen folgende Risiken laufend beurteilt und in einem Quartalsbericht dem STC mitgeteilt werden.

Tabelle 27: Übersicht über die bewerteten Projektrisiken

Einführungsrisiko	Die Summe aller Risiken für die Zielerreichung: Funktionalität, Termin, Kosten (Basis: Pflichtenheft, Masterplan, Ressourcenplanung, Budget)
Terminrisiko	Vergleich Basisplan mit Ist-Zustand. Projektion bekannter Terminprobleme auf den Einführungstermin und Feststellung des Terminrisikos.
Qualitätsrisiko	Risiken in Bezug auf die Einhaltung der definierten, zu erreichenden Qualität. Berücksichtigung erkannter Qualitätsprobleme auf den Masterplan und die Vorgaben aus dem Pflichtenheft.
Komplexitätsrisiko	Risiken in Bezug auf Beherrschung der Komplexität im Projekt und deren Auswirkungen auf Termin, Pflichtenheftzielsetzung und Projektkosten.
Kostenrisiko	Risiko für die Überschreitung der budgetierten Kosten. Berücksichtigung spezieller Kostenverursacher, wie Verspätungen oder zusätzliche Anträge
Ressourcen intern	Risiken in Bezug auf Anzahl, Know-how und Verfügbarkeit der eingesetzten internen Ressourcen. Berücksichtigung von

	Konfliktsituationen mit dem täglichen Geschäft und Abwesenheiten.
Ressourcen extern	Risiken in Bezug auf Anzahl, Know-how und Verfügbarkeit der eingesetzten externen Ressourcen inkl. Berücksichtigung von Mehrfachbelastungen in anderen Projekten.
Strategierisiko	Auswirkung und Risiken von Entscheidungen im Migrationsprojekt bei Abweichungen der vorgegebenen Strategie.

Tipps & Tricks

Unter Internes Kontrollsystem (IKS) werden alle von Führungsverantwortlichen angeordneten Vorgänge, Methoden und Maßnahmen verstanden, die dazu dienen, einen ordnungsgemäßen Ablauf des betrieblichen Geschehens sicherzustellen.

IKS-Punkte stellen sehr interessante und eigentlich absolut notwendige „Prüfpunkte" für das Testwesen dar.

4.2   Projektphase 2: Konzept

Nach der Wahl der Software-Lösung wird die entsprechende Konzeptphase gestartet.

Zielsetzung der Konzeptphase ist:

- Die GAPs im Produkt sind identifiziert, spezifiziert und werden bei dem SW-Hersteller in Entwicklung beantragt
- Der Projektumfang für die Umsetzung ist definiert (was und wie wird realisiert)
- Was wird parametrisiert, welche Umsysteme werden wie angebunden
- Bereitschaft der Organisation für die Realisierung sicherstellen
- Die Projektmitarbeiter sind auf die neue SW-Lösung ausgebildet
- Infrastruktur für Parametrisierung und Testing ist aufgebaut

4.2.1   Definition der Anforderungen und Abhängigkeiten

Im Projektpflichtenheft (oder Anforderungskatalog genannt) werden die fachlichen und technischen Anforderungen für die gesuchte Lösung detailliert und vollständig ausformuliert. Die Anforderungen werden priorisiert. Je nach Umfang können diese als separates Dokument in einem eigenen Konzept beschrieben werden.

Zudem hilft es auch, die Mengengerüste zu kennen, damit bereits Entscheidungen betreffend die Architektur des zukünftigen IT-Systems (Lizenzen, MIPS, Servergröße, Speicherbedarf,...) getroffen werden können. Dazu gehören Informationen zu:

- Anzahl Anwender
- Verteilung der Benutzerpopulation geographisch
- Maximale benötigte Antwortzeiten
- Benutzte Sprachen
- Verbrauchspitzen und wenn ja wann? (Wochentag, Tageszeit)
- Erwartete jährliche Wachstumsraten der Daten
- Transaktionsvolumina

Für das Beispiel im Bankbereich zeigt das nachfolgende Diagramm die Verteilung der Anforderungen auf die verschiedenen Typen und die Einstufung nach Geschäftskritikalität:

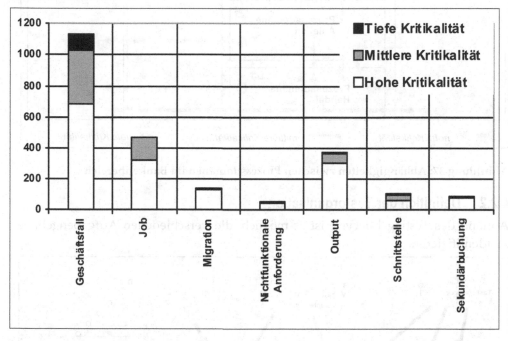

Abbildung 36: Anforderungen im Banking-System nach Geschäftskritikalität

Mit mehr als 2300 definierten Anforderungen lassen sich erste grobe Aufwandschätzungen für das Testwesen rechnen. Zum Beispiel sollen pro Anforderung ein bis zwei Testfälle definiert werden (einmal Positivtest + einmal Negativtest). Um den Aufwand zu optimieren, können zum Beispiel zwei Testfälle pro kritische Anforderung und ein Testfall pro mittel- und tiefpriorisierte Anforderung durchgeführt werden. Dies ergibt ca. **4000** Testfälle.

Ein weiteres wichtiges Merkmal für das Testing ist die Abhängigkeit. Neben den technischen Schnittstellen zwischen den IT-Systemen liefern die bereichsübergreifenden Aktivitäten zwischen den verschiedenen Bankbreichen gute Gelegenheiten für die Identifizierung und Definition von Testfällen. Insbesondere hilft ein gesamter Überblick für die Abnahme des IT-Systems.

Abhängigkeiten zwischen Prozessdomänen im Bankenbereich

| Prozessdomäne
Kundengewinnung
Kundenbetreuung | **Prozessdomäne**
Zahlen | **Prozessdomäne :**
Banksteuerung | **Prozessdomäne :**
Rechnungswesen |

Prozessdomäne :
Finanzieren

Prozessdomäne :
Anlegen

Prozessdomäne :
Handel

hohe Kritikalität   mittlere Kritikalität   tiefe Kritikalität

Abbildung 37: Abhängigkeiten zwischen Prozessdomänen im Bankenbereich

4.2.2   Definition der Testorganisation

Anhand des Testing Lifecycle ist es möglich, die verschiedenen Aufgabengebiete zu identifizieren.

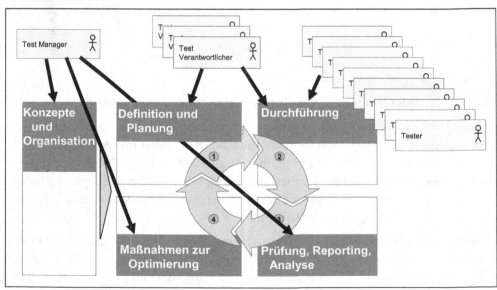

Abbildung 38: Testorganisation während der Konzeptphase

Dank einer geeigneten Organisationsstruktur können folgende Punkte sichergestellt werden:

- Erstellung der Testfälle
- Durchführung der geplanten Tests
- Koordination von bereichsübergreifenden Tests
- Zusammentragen der Testergebnisse und Rapportierung an die Projektleitung
- Erfassung von Fehlern und Durchführung des Retestings

Je nach Umfang der Migration soll die „Testing-Mannschaft" vermessen sein. In der folgenden Tabelle wird ein Beispiel über eine solche Organisation gegeben:

Tabelle 28: Beispiel einer Testorganisation

Projekt	Anzahl Tester
Team A	15
Team B	10
Team C	9
Gesamt	34
davon	
Org 1	7
Org 2	12
Org 3	10
Org 4	5
Gesamt	34
Gesamt Kapazität	
Org 1	3,7
Org 2	7,1
Org 3	5,3
Org 4	2,8
Gesamt	18,9

Nr.	Tester Team A	%	Organisation
A1	xx	40%	Org 1
A2	xx	80%	Org 2
A3	xx	50%	Org 3
A4	xx	30%	Org 1
A5	xx	50%	Org 3
A6	xx	60%	Org 4
A7	xx	50%	Org 1
A8	xx	80%	Org 1
A9	xx	70%	Org 2
A10	xx	60%	Org 2
A11	xx	50%	Org 3
A12	xx	40%	Org 4
A13	xx	30%	Org 3
A14	xx	40%	Org 2
A15	xx	50%	Org 1

Nr.	Tester Team B	%	Organisation
B1	xx	50%	Org 1
B2	xx	30%	Org 2
B3	xx	80%	Org 2
B4	xx	45%	Org 2
B5	xx	60%	Org 3
B6	xx	70%	Org 2
B7	xx	80%	Org 2
B8	xx	70%	Org 4
B9	xx	50%	Org 2
B10	xx	40%	Org 2

Nr.	Tester Team C	%	Organisation
C1	xx	50%	Org 3
C2	xx	30%	Org 3
C3	xx	60%	Org 4
C4	xx	90%	Org 3
C5	xx	70%	Org 3
C6	xx	50%	Org 4
C7	xx	60%	Org 2
C8	xx	70%	Org 1
C9	xx	50%	Org 3

Anhand des Beispiels wird ersichtlich, dass einer der relevantesten Faktoren für die erfolgreiche und zeitgerechte Durchführung eines komplexen Migrationsprojektes die Verfügbarkeit der Ressourcen ist. Hierzu wird benötigt:

- Schlüsselpersonen aus allen Fachbereichen (Know-how- und Entscheidungsträger)
- Erfahrene Produktspezialisten (Parametrisierung/Business-Analyse) der gewählten Standardsoftware vom Markt
- Eine starke und professionelle interne Organisation im Bereich Entwicklung-, Projekt- und IT-Management
- Internes oder externes Know-how über die anzubindenden Umsysteme und den Bau von Schnittstellen
- Zusätzliches Projektpersonal (Projektmanagement, QS, Business Analyse, Testmanagement, Engineering, Entwicklung, ...) mit Erfahrungen aus komplexen Migrationsvorhaben und zur Verstärkung der internen Kapazitäten

Wichtig in dieser Projektphase ist auch, die Schulung der Tester sicherzustellen.

Tipps & Tricks

Ein Tester soll mindestens 20% für das Projekt zur Verfügung stehen.
Eventuell Ausnahme möglich für hochspezialisierte Gebiete.
Bei längeren Projekten (> 1 Jahr) muss die Frage der Stellvertretung
des Testers adressiert werden, damit Tests „jederzeit" durchgeführt
werden können.

4.2.3 Planung der Testphasen und der Testinfrastruktur

Der Planung der Testphasen obliegt die Planung der Projektphasen. In dem prä-
sentierten Beispiel im Bankbereich wurde eine iterative Vorgehensweise gewählt.
Das IT-System wird mit sukzessiven Etappen, als Bau 01 bis 30 gekennzeichnet,
gebaut. Ziel ist es, möglichst schnell ein lauffähiges System zu bauen, damit die
übrige Zeit bis zum Go-Live für Issue Management benutzt werden kann. Die Frequenz, in der die Bauelemente geliefert und getestet werden, kann im Laufe der
Zeit variieren. Am Anfang brauchen die Entwicklungsteams mehr Zeit im Vergleich zum Ende der Realisierungsphase. Dennoch zeigt die Erfahrung, dass eine
regelmäßige Lieferung sehr effizient ist, da viele organisatorische Fragen dadurch
gelöst werden können. In der folgenden Abbildung wurde ein 2-wöchentlicher
Rhythmus abgebildet.

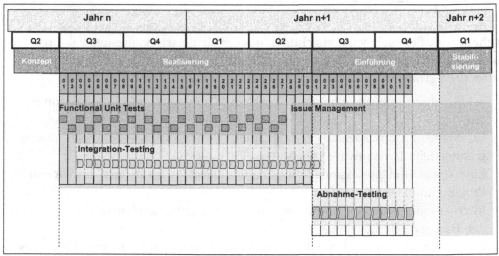

Abbildung 39: Plan der Testphasen mit einem iterativen Ansatz

Hilfreich ist auch, die Gesamtzahl der durchzuführenden Tests am Anfang einer
Testphase pro Projektteam zu definieren. Diese Zahl kann entweder anhand der
Anzahl der kritischen Anforderungen oder am bestens anhand der Erfahrungswerte geschätzt werden. Dank dieser Zielzahl kann der Fortschritt pro Testkampagne
gemessen werden. Dadurch ist es möglich, im Voraus zu sagen, ob das Testing in
gewissen Gebieten mangelhaft bleiben wird.

Die Planung der Test-Systemumgebung ist von großer Bedeutung. Das Integration-Testing und das Abnahme-Testing nutzen gemeinsam die Test-Systemumgebung. Auf der Test-Systemumgebung werden alle, gemäß Testplanung, benötigten Umsysteme bereitgestellt.

Umsysteme werden von Entwicklung, Integration-Testing, Schulung, Abnahme-Testing, Generalproben und Cutover zum Teil gemeinsam genutzt. Es können nicht auf allen Systemumgebungen eigene Instanzen zu allen Umsystemen bereitgestellt werden. Es gibt klare Limitationen bei mehreren Umsystemen.

Tabelle 29: Systemplan zum Testen der Schnittstellen

Monat	Januar					Februar				
Kalenderwoche	KW1	KW2	KW3	KW4	KW5	KW6	KW7	KW8	KW9	KW1
Tag	1 2	5 6 7 8 9 #	# # # #	# # # #	# # # #	# 2 3 4 5 6 9	# # # #	# # # #	# # # #	2 3 4
Bau		Bau 05		Bau 06		Bau 07		Bau 08		
Integration Testing	INT 04									
Integration Testing			INT 05							
Integration Testing						INT 06				
Integration Testing								INT 07		
Integration Testing										
Integration Testing										
Issue Solving										
Testing der Schnittstellen										
Projektteam a										
Umsystem a1		Testsystem				Testsystem				T
Umsystem a2		Testsystem				Entwicklung a/Testsystem				Entwickl
Umsystem a3		Entwicklung a				Entwicklung a				En
Umsystem a4		Entwicklung a				Entwicklung a				T
Umsystem a5		Testsystem				Testsystem				
Umsystem a6		Testsystem				Testsystem				T
Umsystem a7		Testsystem				Testsystem				T
Projektteam b										
Umsystem b1		Entwicklung b			Entwicklung b	Testsystem				T
Umsystem b2		Entwicklung b			Entwicklung b	Testsystem				T
Umsystem b3		Entwicklung b			Entwicklung b	Testsystem				T
Umsystem b4		Entwicklung b			Entwicklung b	Testsystem				T
Umsystem b5		Testsystem				Testsystem				T
Umsystem b6		Testsystem				Testsystem				T
Umsystem b7		Testsystem				Testsystem				T
Umsystem b8		Testsystem				Testsystem				T
Projektteam c										
Umsystem c1	Entwicklung c	Testsystem				Testsystem				T
Umsystem c2	Entwicklung c	Testsystem				Testsystem				T
Projektteam d										
Umsystem d1		Entwicklung d				Entwicklung d				T
Umsystem d2		Entwicklung d				Entwicklung d				T
Umsystem d3		Entwicklung d				Entwicklung d				En
Projektteam e										
Umsystem e1		Entwicklung b				Entwicklung b				En
Umsystem e2		Testsystem / Entwicklung b				Testsystem/Entwicklung b				T
Umsystem e3		Testsystem				Testsystem				T
Umsystem e4		Entwicklung b				Entwicklung b				T
Umsystem e5		Entwicklung b				Entwicklung b				T
Umsystem e6		Entwicklung b				Entwicklung b				T
Projekt f										
Umsystem f1		Entwicklung f				Entwicklung f				En
Umsystem f2										
Umsystem f3		Entwicklung f				Entwicklung f			Entwicklung f	
Umsystem f4		Entwicklung f			Entwicklung f			Testsystem		T
Umsystem f5								Testsystem		T
Umsystem f6										

=	Monatsende	=	Testsystem
		=	Entwicklungsumgebung

4.2.4   Definition und Messung der Qualitätsmerkmale

In dieser Projektphase müssen klare „Spielregeln" definiert und in den nächsten Projektphasen umgesetzt werden. Unter anderem soll ein Reporting definiert werden. Da in dem Beispiel die Entwicklungszyklen kurz gehalten werden, lohnt es sich, ein wöchentliches Reporting aufzusetzen. Damit kann der Fortschritt gemessen werden. Abweichungen zu der Zielkurve müssen sofort analysiert werden. Dadurch können zwangsläufige Engpässe identifiziert und entsprechende Maßnahmen frühzeitig eingeleitet werden.

Falls Verschiebungen nötig sind, sollen diese offiziell beantragt und von der Projektleitung genehmigt werden. Vor der Genehmigung sollen diese sorgfältig analysiert werden. Es soll vermieden werden, dass eine Kettenreaktion stattfindet, falls wichtige Abhängigkeiten vorhanden sind.

Die Qualität der einzelnen Testfälle soll insgesamt geprüft werden. Einzelne Prüfungen und Reviews können stattfinden, und im Austausch mit Fachexperten können spezielle Fälle untersucht werden. Neu entdeckte Fehler stellen auch eine wichtige Informationsquelle dar, um die Testfälle zu verbessern.

Ein weiteres Instrument zur Qualitätssicherung stellen die Quality Gates dar. Diese gelten als „absolute" Messpunkte, damit die Gesamtleistung über die einzelnen Projektteams bewertet werden kann. In dem normalen Fall bei komplexen Einführungen sind die Ergebnisse über die verschiedenen Projektteams nicht homogen, d.h. manche erreichen das Q-Gate und andere nicht ganz. In so einer Situation muss die Frage gestellt werden, ob der Go-live verschoben werden soll. Falls dieses nicht möglich ist, sollen für die kritischen Themen dedizierte Arbeitsgruppen mit entsprechenden themen-bezogenen STCs gebildet werden.

4.3   Projektphase 3: Realisierung

Die Realisierungsphase gilt als Bauphase: das IT-System wird gemäß den Anforderungen parametrisiert und alle Umsysteme aufgesetzt und angebunden. Danach muss die Umstellung (Cutover) vom alten System auf die neue Software im Detail geplant und vorbereitet werden.

In der Realisierungsphase wird das IT-System gebaut und mittels Integrationstests das Zusammenspiel der funktional abgeschlossenen Einheiten im Rahmen des Gesamtsystems getestet. Die von den Entwicklern im Rahmen von Functional Unit Tests getesteten Komponenten sollen sämtliche fachlichen Anforderungen erfüllen, was anhand von definierten Testfällen durch die Spezialisten umfassend geprüft werden kann.

Die wesentlichen Ergebnisse dieser Phase sind:

- Fertig parametrisierte Software
- Fertig integrierte Umsysteme
- Infrastruktur für den Betrieb ist bereitgestellt

- Veränderungen in der Organisation sind durchgeführt
- Cutover ist organisiert
- IT-Personal ist mit der neuen Software vertraut

Die eigentliche Entwicklung erfolgt iterativ. Nach jeder Iteration steht ein lauffähiger Build der Software bereit, der jedes Mal mehr Funktionalität umfasst.

4.3.1 Definition und Planung von Integrationstests

Die Implementierung der verschiedenen Projektanforderungen wird mit einem mehrstufigen Vorgehen getestet. Unterschiedliche Teststufen ermöglichen eine sukzessive Steigerung der Testkomplexität (zuerst einfache Tests, später komplexe Testfallketten).

Ziele und Anforderungen an das Integration-Testing:

- Die im Rahmen von FUT (Functional Unit Tests) von den Entwicklern getesteten Komponenten erfüllen auch sämtliche fachliche Anforderungen. Dies kann von Fachspezialisten mit definierten Testfällen umfassend geprüft werden.
- Die verschiedenen, voneinander abhängigen Komponenten des Gesamtsystems funktionieren im Zusammenspiel miteinander.
- Die Umsetzung der Anforderungen an die Datenmigration und die Schnittstellen zu Umsystemen werden im fachlichen Kontext der Geschäftsfälle schrittweise und umfassend geprüft, so dass das Risiko größerer Überraschungen (z.B. Integrität der migrierten Daten im Gesamtkontext des Geschäfts) während der Einführungsphase minimiert wird.
- Die definierten Integrationstests werden in einer klar strukturierten Testfallsammlung (nach der Prozessstruktur) abgelegt, so dass sie für die Abnahmetests einfach wieder verwendet werden können.

Der Begriff „Integrationstest" bezeichnet in der Softwareentwicklung eine aufeinander abgestimmte Reihe von Einzeltests, die dazu dienen, verschiedene voneinander abhängige Komponenten eines komplexen Systems im Zusammenspiel miteinander zu testen (möglichst in allen „Benutzer-Szenarien"). Die erstmals im gemeinsamen Kontext zu testenden Komponenten haben jeweils einen FUT erfolgreich bestanden und sind für sich isoliert „fehlerfrei". Auf dieser Stufe werden Testfälle auf Ebene Geschäftsfall, möglichst auch in Kombination mit Anforderungen an die Datenmigration und Schnittstellen zu Umsystemen, definiert.

Mit dem Integration-Testing aus dem Bankbereich wird der aktuelle Bau des Systems auf der Testumgebung in den zwei Wochen integrativ getestet. Auf der Testplattform wird das System für jeden Bauzyklus neu komplett zusammengebaut, d.h. integriert.

Das Integration-Testing startet nach Freigabe der ersten Bauphase. Es läuft phasenverschoben zum FUT, d.h. Komponenten, welche zum Beispiel im Bau 02 entwickelt werden, werden in Abschnitt Bau 03 mit Integrationstests geprüft. Die Definition und die Planung der Integrationstests für eine bestimmte Bauphase laufen zeitgleich zur Parametrierung und den FUT der entsprechenden Bauphase.

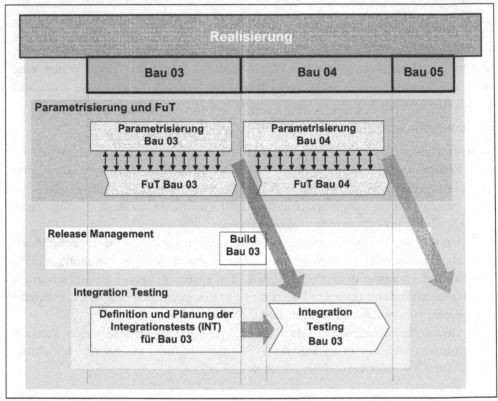

Abbildung 40: Phasenverschiebung von FUT und Integration-Testing

Für die Vorbereitung und Planung der Tests müssen vielfältige Abhängigkeiten berücksichtigt werden:

- Verfügbarkeit von Daten, z.B. neue Testdaten oder migrierte Daten von Altsystemen
- Verfügbarkeit spezifischer Funktionalität
- Verfügbarkeit von Daten und Funktionalität, welche von Umsystemen zur Verfügung gestellt werden (Abhängigkeit von bestimmten Schnittstellen)

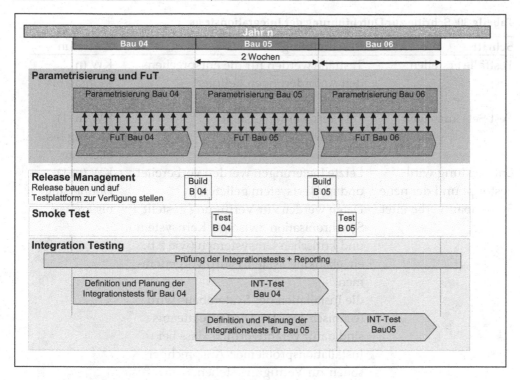

Abbildung 41: Genereller Ablauf für die Integrationstests

Damit Abhängigkeiten (vor allem bei übergreifenden Integrationstests) frühzeitig erkannt und entsprechende Voraussetzungen rechtzeitig geschaffen werden können, ist eine Testplanung, welche bereits 2-3 zukünftige Bauphasen umfasst, anzustreben.

4.3.2 Durchführung der Integrationstests

Am Ende jedes Entwicklungszyklus stellt das Release Management einen neuen Systembau zusammen, welcher den aktuellen Stand der Parametrierung der Teilprojekte, Anpassungen und Erweiterungen der Standard Software sowie den neuesten Stand der Datenmigration enthält.

Die Erstellung von einem Systembau und die Durchführung der Integrationstests erfolgen einer klaren Logik, wie in der folgenden Tabelle dargestellt.

Tabelle 30: Schritte zur Durchführung der Integrationstests

Schritt	Beschreibung	Zeitraum
Testfälle erstellen	Testfälle werden für die entsprechenden Anforderungen definiert	KW (n) Montag bis Freitag
Test Sets aufsetzen	Test Sets werden erstellt Tester werden instruiert	KW (n+1) Montag bis Dienstag
Entwicklung wird gestoppt und der neue Systembau vorbereitet	Letzte Lieferungen werden vorbereitet und ins Testsystem geliefert Daten werden zur Verfügung gestellt Synchronisation zwischen Kernsystem und kritischen Umsystemen (wie z.B. ein ebanking System) wird vorgenommen die Installation des Systembaus wird technisch getestet. Die Projektteams sind dafür verantwortlich, dass bei Installationsproblemen Ansprechpersonen zur Verfügung stehen.	KW (n+1) Donnerstag bis Freitag
Smoke Tests durchführen	Lieferung des Systembaus auf ein erstes Testsystem Smoke Tests, als Subset der Integrationstests, werden durchgeführt, mit welchen pro Bereich 5-15 der wichtigsten, repräsentativsten Testfälle durchgespielt werden. Die Projektteams stehen für Fehlerbehebung zur Verfügung	KW (n+2) Montag
Systembau auf dem Testsystem liefern und Integrationstests durchführen	Falls der Systembau freigegeben wird, erfolgt die Verteilung auf die Entwicklungs- und Testinstanzen. Die Integrationstests können starten und werden durchgeführt Nötige Daten werden kreiert (z.B. Kundeneröffnung) Ergebnisse der Tests werden festgehalten Bei fehlschlagenden Tests werden Issues eröffnet	KW (n+2) Dienstag bis Freitag KW (n+3) Montag bis Freitag

Das Tracking der Fehler fängt ebenfalls an. Es ist insbesondere wichtig, dass fehlgeschlagene Anforderungen schnell neu getestet werden. Damit kann der Tester feststellen, ob die gelieferte Lösung hebt oder nicht. Wenn nicht, hat der IT-Experte noch eine Chance, in der laufenden Bauphase eine weitere Lösung anzubieten. Passiert dieses Zusammenspiel nicht, dann besteht die Gefahr, dass sich eine „Bugwelle" an Issues bildet.

4.4 Projektphase 4: Einführung

In der Einführungsphase wird die Software intensiv getestet und die Mitarbeiter auf der neuen Software ausgebildet. Die Ausbildung umfasst auch die Vorbereitung auf die einmaligen Arbeiten während des Cutovers. Schließlich findet der Cutover von der alten auf die neue Software statt.

Das Ergebnis dieser Phase besteht darin, dass die neue Software produktiv in Betrieb genommen wird und die alte Software nur noch zu Auskunftszwecken dient. Die Erreichung dieses Zieles wird als **Abnahme** gekennzeichnet. Die Abnahme erfolgt als Synthese verschiedener Testaktivitäten.

Durchführung der Abnahmetests: als Wiederholung der Integrationstests werden weitere Testkampagnen durchgeführt, um die Qualität des Systems sicherzustellen.

Durchführung der End-to-End-Tests: funktionieren alle Bauteile des Systems richtig zusammen? Die End-to-End-Tests sollen diese Frage beantworten.

Durchführung von Generalproben: eine Generalprobe erlaubt die Abwicklung von Geschäftsvorfällen in einer so nah wie möglich „realen Situation". Damit werden verschiedene Erfahrungen mit dem neuen System über alle Geschäftsbereiche gesammelt, um die Fähigkeiten der Mitarbeiter und die neu gestalteten Prozesse überprüfen zu können.

Durchführung der NFA-Tests: was passiert, wenn das System „ans Limit" kommt? Die NFA Tests dienen zur Beobachtung des Systemverhaltens unter „Stresssituationen".

Durchführung der EoP-Aktivitäten: Abnahmetests zu Batch-Jobs, Tages-, Monats- und Jahresendverarbeitung.

Durchführung von Probe-Cutover: das Gesamtprozedere zum Produktivsetzen wird anhand eines Probe-Cutovers geübt. Dadurch werden vor allem wichtige Informationen über die Datenmigration (z.B. über Dauer oder Qualität) gewonnen.

4.4.1 Planung und Durchführung der Abnahmetests

Ziele des Abnahme-Testings ist, den Nachweis einer komplette Funktionstauglichkeit des Gesamtsystems zu erbringen, unter Berücksichtigung aller wesentlichen Aspekte wie:

- vollständige Abdeckung der funktionalen Anforderungen durch die SW-Lösung
- Funktionstüchtigkeit vom Kernsystem und Umsystemen im Verbund
- Einhaltung der gesetzlichen Vorgaben und Bilanzanforderungen
- Vollständigkeit, Konsistenz und Nutzbarkeit der migrierten Daten
- Anbindung der Umsysteme
- Format und Inhalt des erzeugten Outputs
- Effizienz und Systemperformance für die Abwicklung der wichtigsten Geschäftsvorfälle
- rollengerechte Zugriffsberechtigungen
- nachvollziehbare Schlüsselkontrollen (IKS), gemäß Geschäftsfallbeschreibungen

Zusätzlich muss sichergestellt werden, dass die Produkte/Dienstleistungen der Organisation gemäß Qualitäts-, Zeit- und Aufwandvorgaben erstellt bzw. erbracht werden können und dies über alle definierten Vertriebskanäle.

Um den optimalen Abdeckungsgrad der Tests sicherzustellen, können drei Dimensionen berücksichtigt werden:

- **Produkte**: welche Produkte werden welchen Kunden angeboten?
- **Verarbeitungsschritte**: auf einer generischen Ebene kann der Verkauf von Produkten dargestellt werden
- **Vertriebskanäle**: wie werden die verschiedenen Produkte angeboten?

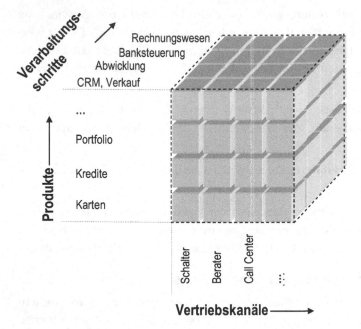

Abbildung 42: Drei Dimensionen des Testing-Bereiches

Aus diesen drei Dimensionen kann das „Testuniversum" definiert und die relevantesten Tests für die Abnahme ausgewählt werden.

Für die eigentliche Abnahmetestphase werden Testkampagnen geplant. Diese enden mit der Definition eines Quality Gate, um den erreichten Qualitätsstand zu messen.

Aus dem Bankenbereich sind 12 Testzyklen vorgesehen. Die Durchführung der Abnahmetests erfolgt nach einem definierten Wochenraster. Das Re-testing soll sich auf die ersten Tage konzentrieren. Dafür kann schnell festgestellt werden, ob die „gelösten" Fehler effektiv und endgültig abgeschlossen werden können. In der 2. Woche können dann die „regulären" Abnahmetests durchgeführt werden.

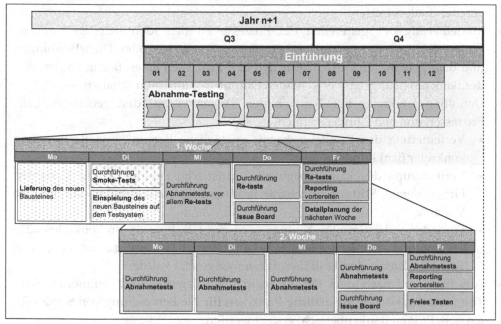

Abbildung 43: Wochenraster für die Durchführung der Abnahmetests

Im Rahmen dieser Testkampagnen wird der Fokus auf das Issue Management gelegt. Es geht in erster Linie, die Go-Live verhindernden Fehler im System zu lösen und dank Re-testing sicherzustellen, dass die neu erbrachten Lösungen zufrieden stellend sind. Es ist aber damit zu rechnen, dass die Entwicklung des Systems in allen Bereichen nicht frühzeitig abgeschlossen wird. Aus diesem Grund kann in der Phase eine Mischung zwischen Integration- und Abnahmetests stattfinden.

Mit einer abschließenden Durchführung der Abnahmetests wird der endgültige Zustand des Gesamtsystems vor dem Going-Live-Termin überprüft.

4.4.2   Planung und Durchführung der End-to-End-Tests

Für das E2E-Testing sind eine sehr hohe Anzahl verschiedener Testszenarien denkbar. Damit für das Abnahme-Testing eine handhabbare Anzahl von E2E-Testsszenarien erreicht werden kann, wird für die Identifikation der E2E-Tests wie folgt vorgegangen:

- Grobe Segmentierung der Kunden in natürliche und juristische Personen
- Identifikation der wichtigsten (80/20-Prinzip) Ereignisse im Lebenszyklus eines Kunden, welche die am häufigsten nachgefragten Produkte oder Dienstleistungen der Bank betreffen.
- Modellierung der generellen E2E-Prozesse zu den identifizierten Kunden-Ereignissen, mit Bezug zu den betroffenen Produkten oder Dienstleistungen und dem generierten Output. Aus den E2E-Prozessen einen Bezug zu den von der Bank am häufigsten verwendeten Output-Dokumenten schaffen.
- Definition konkreter E2E-Testszenarien, basierend auf den generellen E2E-Prozessen und den Kundensegmenten
  - Verfeinerung des Kundensegments „natürliche Person" und Bestimmung konkreter Bankkunden
  - Verfeinerung des Kundensegments „juristische Person" in die Varianten Firma, Verein, Stiftung und Bank. Bestimmung konkreter Bankkunden pro Variante
  - Für jeden so bestimmten Kunden wird pro E2E-Prozess ein konkretes E2E-Testszenario definiert. Diese E2E-Testszenarien können zu einem großen Teil aus bestehenden Testfällen zusammengesetzt werden.
- Auf Basis der nach dem 80/20-Prinzip identifizierten und definierten E2E-Testszenarien können zusätzliche Varianten für die Behandlung von Sonderfällen (z.B. PEP im Bankenbereich) erstellt werden.

Unter Anwendung des Pareto-Prinzips resultieren 12 E2E-Testszenarien (4 Ereignisse x drei Bankkundengruppen) für das Kundensegment natürliche Person und 16 E2E-Testszenarien für das Kundensegment juristische Person im Bankenbereich.

Mit der Durchführung von 28 elementaren E2E-Testszenarien kann in kurzer Zeit und mit moderatem Aufwand eine gute Übersicht zur Going-Live-Bereitschaft der Bank erreicht werden. Mit praxisorientierten, integrativen Tests wird der Nachweis erbracht, dass die wichtigsten Kundenbedürfnisse, mit Unterstützung des neuen Systemverbunds, in der versprochenen Qualität befriedigt werden können

Zusätzlich zu den identifizierten und erstellten E2E-Testszenarien können bei spezifischem Bedarf weitere, komplexe E2E-Testfälle definiert werden.

Tipps & Tricks

End-to-End-Tests werden über mehrere Tage durchgeführt. Oft werden zum Beispiel Tagesendverarbeitungen gebraucht.

Es ist von Vorteil, die Anzahl der E-to-E-Testkampagnen und deren Datum im Voraus festzulegen.

4.4.3 Durchführung von Generalproben

Mit der Einführung einer neuen IT-Plattform ergeben sich nicht nur technische, sondern auch organisatorische Änderungen. Zum einen müssen die Mitarbeiter auf das neue IT-System geschult werden. Zum anderen muss sichergestellt werden, dass die bisherigen Arbeitsprozesse, wie in der Konzeptionsphase des Projekts spezifiziert, so umgesetzt wurden, dass der laufende Betrieb durch die Einführung der neuen IT-Plattform nicht negativ beeinflusst wird. Zur Erreichung der sich aus der Beschreibung der Ausgangslage ergebenden Herausforderungen werden innerhalb der Einführungsphase Generalproben (als „GP" gekennzeichnet) durchgeführt. An einer möglichst realistischen Verarbeitung eines oder mehrerer Produktionstage auf einem Testsystem (typischerweise dem zukünftigen Produktionssystem) nehmen möglichst große Teile der zukünftigen Benutzer teil.

Für die Abwicklung einer Generalprobe müssen Tätigkeiten verschiedener Themenbereiche optimal aufeinander abgestimmt werden.

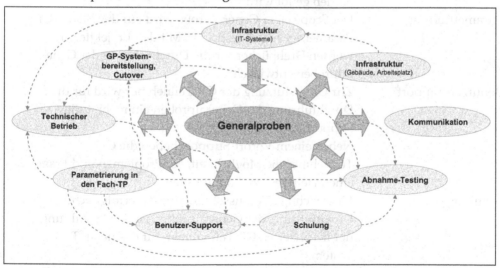

Abbildung 44: Wichtigste Abhängigkeiten für die Abwicklung einer Generalprobe

In der folgenden Tabelle werden die für eine erfolgreiche GP-Durchführung nötigen Themen erläutert.

Tabelle 31: Wichtigste Themenbereiche zu einer Generalprobe

Themenbereich	Bezug zu Generalproben
Infrastruktur (IT-Systeme)	Die Generalproben werden auf der zukünftigen Produktionssystemumgebung durchgeführt.
Infrastruktur (Gebäude, Arbeitsplatz)	Die Generalproben werden an allen Standorten der Organisation durchgeführt.
	Die Arbeitsplätze der an den Generalproben involvierten Mitarbeiter müssen so ausgerüstet sein, dass die Aufträge gemäß Drehbuch durchgeführt werden können (z.B. Zugriff auf das neue IT-System mit den entsprechenden Zugriffsberechtigungen).
	Der Zugang zu den Räumlichkeiten muss sichergestellt sein (Alarm, Sicherheitsdienste, Zeitschaltuhren).
GP-Systembereitstellung	Für die Durchführung der einzelnen GPs wird eine vollständige Applikationsumgebung (inkl. Umsysteme) auf der zukünftigen Produktionssystemumgebung bereitgestellt.
Technischer Betrieb	Für die Durchführung der Generalproben wird ein professioneller technischer Betrieb aufgesetzt, so dass der zukünftige Betrieb mit einem realitätsnahen Testbetrieb geübt wird.
Parametrierung	Der Scope einer Generalprobe wird auf den Stand der Parametrierung abgestimmt. Mit den Projektteams werden Drehbücher für die Durchführung der Generalproben entwickelt.
Benutzer-Support	Zur Unterstützung der GP-Teilnehmer wird für die Durchführung der Generalproben ein mehrstufiger Support aufgesetzt.
	Neben einem Vorort-Support haben die GP-Teilnehmer die Möglichkeit, bei Problemen und Fragen einen Helpdesk zu kontaktieren.
Schulung	Eine wichtige Voraussetzung für die erfolgreiche Durchführung der Generalproben ist die Ausbildung der involvierten GP-Teilnehmer auf das neue IT-System.
	Alle involvierten GP-Teilnehmer müssen vor dem GP die ihrer Rolle entsprechende Schulung durchlaufen haben.
	Die Generalprobe soll aufzeigen, inwieweit die Schulungsmaßnahmen den Benutzer befähigt haben, das neue System selbstständig und professionell zu bedienen.

Themenbereich	Bezug zu Generalproben
Abnahme-Testing	Die Generalprobe findet parallel zu den normalen Testiterationen (Abnahme-Testing) statt. Ausgewählte Bereiche des Abnahme-Testing werden auf die für die Generalproben bereitgestellte Systemumgebung durchgeführt (z.B. Performance Tests, EOP, Failover)
Kommunikation	Bei der Durchführung der Generalproben sind alle Mitarbeiter involviert. Mit einer umfassenden und zielgruppengerechten Kommunikation wird ermöglicht, dass die Aufgaben der einzelnen GP-Teilnehmer, auch im dynamischen Projektumfeld, jederzeit klar sind und von ihnen nicht mehr Zeit als nötig beansprucht.

Die folgende Tabelle zeigt eine Übersicht der wichtigsten Stakeholder, deren Ansprüche an die Generalproben und zusätzlich die Erwartungshaltung aus Sicht Einführungsprojekt.

Tabelle 32: Beteiligte einer Generalprobe

Stakeholder	Anspruch Zielgruppe an GP	Erwartung Einführungsprojekt
Endbenutzer	„tägliche" Arbeit auf dem neuen System erproben Vertiefung der Schulung durch praktisches Training	Zusätzliche Erkenntnisse (Systemfehler, Arbeitsorganisation, Anleitungen, Weisungen, System-Performance). Abwicklung von „speziellen" Kundenaufträgen. Feststellen, ob Ausbildungsstand der Mitarbeiter ausreichend ist.
Führungspersonen	Direkte Erkenntnisse über den Ausbildungsstand der Mitarbeitenden Informationen zur Stabilität des Systemverbundes im Praxisbetrieb Erkennen von allfälligen Lücken hinsichtlich der Organisation	Feststellen, ob der Ausbildungsstand der Mitarbeiter ausreichend ist. Erkenntnisse über die Bankorganisation. Feststellen, ob Weisungen und Arbeitsanleitungen ausreichend sind. Feststellen, ob Benutzerprofile korrekt umgesetzt sind.
Trainer	Feststellen, ob die Zielsetzungen der Ausbildung erfüllt sind (beherrschen die	Erkenntnisse hinsichtlich Nachschärfungsbedarfs in Ausbildungsprogramm bzw. in Nach-

Stakeholder	Anspruch Zielgruppe an GP	Erwartung Einführungsprojekt
	Mitarbeitenden das System?) Feststellen, ob es Nachschärfungsbedarf in punkto Ausbildung gibt.	schulung einfließen lassen. Überprüfen, ob die Vorort-Support-Organisation wirksam ist.
Projektteam (Tester, Parametrierer)	Stabilität und Funktionsfähigkeit der spezifischen Module	Unterstützung der Supportorganisation im technischen und fachlichen 2nd Level Support Erfassen von Fehlern im Systemverbund.
Betreiber (interne und externe Leistungserbringer)	Stabilität und Funktionsfähigkeit der Systemumgebung	Unterstützung der Supportorganisation im technischen 2nd Level Support
Helpdesk	Feststellen, ob die Supportprozesse praxistauglich aufgesetzt sind und der technische und fachliche 2nd Level Support funktioniert Autorisierungsverwaltung	Erkenntnisse bzgl. der Praxistauglichkeit der Supportprozesse und bzgl. des Zusammenspiels zwischen 1st und 2nd Level Support (inklusive Zusammenarbeit mit technischem Betreiber).
Projektleitung	Verfügbarkeit und Stabilität des Systemverbunds Funktionstüchtigkeit des Systemverbunds	Fortschritt in der Erfüllung der Going-Live-Kriterien von GP zu GP beobachtbar. GP-Vorbereitungen werden analog Cutover durchgeführt, um die Wirksamkeit der Cutover-Prozesse zu testen
STC	Feststellen, ob Mitarbeitende, Organisation und das System bereit für den produktiven Betrieb sind.	Verfolgung der Going-Live-Kriterien.
Projekt Qualitätssicherung	Durchführung ausgewählter Testfälle in einer Produktionsumgebung GP-Testthemen aus dem Abnahme-Testing sind abgearbeitet (Abdeckung nichtfunktionaler Anforderungen)	Erhöhung der Testabdeckung Qualifizierte Aussage zu Going-Live Readiness Performance-Messungen
Externe Auditoren	Praxistauglichkeit der Prozesse	Beurteilung Gesamteindruck aus Sicht Endbenutzer

Stakeholder	Anspruch Zielgruppe an GP	Erwartung Einführungsprojekt
	IKS-Vorgaben (Umsetzung/Einhaltung)	Beurteilung der Bereitschaft aus technischer Sicht (HW: Performance, Verfügbarkeit, Stabilität, SW: Funktionalität) Aufnehmen von vorhandenen Schwachstellen, Problemen aus Revisionssicht Fortschritt in der Erfüllung der IKS-Vorschriften

Mit der gesamteinheitlichen Simulation von einem realen Arbeitstag verfolgt eine Generalprobe die folgenden expliziten Zielsetzungen:

- Ausbildungsstand der zukünftigen Benutzer ermitteln
- Realisierte Geschäftsvorfälle praxisnah prüfen
- Praxistauglichkeit der Geschäftprozesse beurteilen
- Den ausgebildeten Mitarbeitern eine realitätsnahe Übungsumgebung bieten
- Überprüfung der Effektivität und Effizienz des Helpdesks unter Berücksichtigung des 2nd Level Supports
- Förderung der Akzeptanz bei den zukünftigen Benutzern
- Risiko eines fehlerhaften Starts nach dem finalen Cutover minimieren
- Nichtfunktionale Anforderungen (Performance, Verfügbarkeit und Stabilität des Systemverbundes) in einem praxisnahen Produktionsumfeld prüfen
- Vollständigkeit und Funktionsweise der Ausrüstung der Arbeitsplätze an den verschiedenen Standorten prüfen, gemäß Anforderungen der für den Arbeitsplatz definierten Mitarbeiter-Rolle(n)

Tipps & Tricks

An GP-Tagen werden möglichst viele verschiedenartige Geschäftsvorfälle aus dem Arbeitsalltag abgewickelt. Eine GP-Checkliste und GP-Drehbücher stehen als Hilfsmittel zur Verfügung. Diese geben vor, welche Geschäftsvorfälle als Minimum durchgeführt werden sollen. Es sollen insbesondere nicht nur exotische Geschäfte, sondern auch viel Alltägliches geübt werden (80/20-Prinzip, Massengeschäft).

Die Durchführung einer Generalprobe stellt eine organisatorische Herausforderung dar. Um alle Akteure im Spiel setzen zu können, müssen eine langwierige Planung der nötigen Aktivitäten und eine genaue Vorbereitung der verschiedenen GP-Arbeitsinstrumente sichergestellt sein. Für eine erfolgreiche GP-Abwicklung wird eine strukturierte Vorgehensweise empfohlen. In der nachfolgenden Tabelle werden die vier Phasen, die die Gesamtheit der Generalprobe ausmachen sowie ihre wesentlichen Ergebnistypen, beschrieben.

Tabelle 33: Die vier GP-Phasen

GP-Phase	Beschreibung	Output
Vorbereitung	In einem Kickoff-Meeting findet die Initiierung der Generalprobe statt. Hierbei werden die GP-Themen ausgewählt und die Infrastruktur bestimmt. Weiterhin wird während dieser Vorbereitungsphase die GP-Infrastruktur beauftragt und geprüft.	„Go/No Go"-Entscheid bzgl. der Durchführbarkeit der Generalprobe Liste der GP-Teilnehmern und GP-Themen
Durchführung	Die Durchführungsphase startet mit der Vorinformation und wird primär durch die Abarbeitung der GP-Themen seitens der GP-Teilnehmer, die Erfassung von Fehlern und dem 2nd Level Support des Helpdesks, bestimmt. Diese Phase, die am Samstag stattfindet, endet mit der Erfassung von Feedback-Fragebögen seitens der GP-Teilnehmer, der GP-Koordinatoren und der Teacher, sowie einem obligatorischen Debriefing, um abschließende Infos auszutauschen.	Feedback-Fragebogen der Teacher, der GP-Koordinatoren und der GP-Teilnehmer. Infos aus dem Debriefing
Nachbearbeitung	In der Phase der Nachbearbeitung wird die EOP-Verarbeitung (End-of-Period) durchgeführt und deren Ergebnisse (Output, Systemprotokolle, Umsysteme) verifiziert.	Abgeschlossene EOP-Jobs (TEV, MEV, JEV) Erkenntnisse aus der EOP-Verifikation
Auswertung	In dieser abschließenden Phase werden die Ergebnisse der Generalprobe analysiert und bewertet. Die Kennzahlen und Qualitätsaussagen, die diese Phase hervorbringt, fließen in den GP-Bericht ein. Mit der Publikation der Ergebnisse endet die Generalprobe.	GP-Abschlussbericht

Die Ergebnisse einer Generalprobe müssen sorgfältig gesammelt und analysiert werden. Anbei Kriterien, die die Qualität einer durchgeführten Generalprobe kennzeichnen können.

Tabelle 34: Qualitätskriterien einer Generalprobe

Kategorie	Qualitätskriterium	Datenquellen, Messung
Projekt-Organisation	Komplette und reibungslose Durchführung der GP	Strukturierte (Feedbackfragebogen) und unstrukturierte Feedbacks der an der GP beteiligten Personen
	Frühzeitige Adressierung gemeldeter Fehler	Auswertungen aus dem Issue Management Tool
Bankorganisation	Bereitschaft der Organisation für Going-Live	Auswertung der durchgeführten Drehbücher, GP-Umfrage
	Umsetzung der Abläufe gemäß definierten Prozessen	Feedbackfragebogen
	Wirksamkeit der Kontrollmechanismen	Auditbericht zur GP
	Qualität und Produktivität der Mitarbeiter auf neuem System	Feedbackfragebogen
	Akzeptanz der Mitarbeiter für das neue System	Feedbackfragebogen
	Einschränkungen auf den laufenden Betrieb	Feedbackfragebogen
Informationssysteme	Systemstabilität	Feedbackfragebogen
	Systemperformance, Antwortzeiten	Feedbackfragebogen, Issue Management NFA-Testergebnisse
	Funktionsweise der Gesamtinfrastruktur (z.B. Drucker, Geräte am Schalter)	Feedbackfragebogen, Issue Management
	Verfügbarkeit der Output Management-Infrastruktur	Feedbackfragebogen
	Umsetzung der Sicherheitsanforderung	Feedbackfragebogen, Auditbericht zur GP
	Durchgängigkeit	Feedbackfragebogen
	EOP mit Drittpartnern	Issue Management
Allgemeine Abläufe	Verfügbarkeit der Support-Prozesse	Feedbackfragebogen
	Handhabung von Notfall-Szenarien (Failover-Test)	Issue Management Failover-Testergebnisse

Tipps & Tricks

Trotz hohem Organisationsaufwand lohnt es sich, mehrere Generalproben zu organisieren. Die erste sollte sogar am Anfang der Abnahmephase stattfinden, damit die Brücke zwischen Projektorganisation und Unternehmen möglichst früh gebaut wird.

Eine effiziente Durchführung der Generalproben hängt von einer Reihe kritischer
Erfolgsfaktoren ab:

- Den ausgewählten GP-Koordinatoren und GP-Teilnehmern wird genügend
  Zeit für die Vorbereitung und die Teilnahme am GP zur Verfügung gestellt.
- Die ausgewählten GP-Teilnehmer sind auf das neue IT-System geschult.
- Das neue IT-System steht an allen Arbeitsplätzen der ausgewählten GP-
  Teilnehmer zur Verfügung.
- Die für das Durchspielen der Drehbücher benötigte Funktionalität vom Kern-
  system und den Umsystemen steht auf dem GP-System zur Verfügung. Zum
  Zeitpunkt des GP noch nicht verfügbare Funktionalität ist den GP-Teilnehmern
  bekannt.
- Zusätzliche, arbeitsplatzspezifische Infrastrukturelemente (z.B. Drucker, Scan-
  ner) stehen zur Verfügung.
- Die Voraussetzungen für die Durchführung der nachgelagerten Nachbearbei-
  tungen (Durchführung EOP) sind geschaffen.
- Hilfsmittel zur Unterstützung der GP-Durchführung stehen zur Verfügung.

Tipps & Tricks

In der Regel findet eine GP an einem Samstag statt. Um Unterneh-
mensabläufe dennoch simulieren zu können, soll das Systemdatum
auf dem vorherigen Freitag eingestellt werden. Damit werden Prozesse durchgeführt, die sonst am Wochenende nicht laufen können.
Einziger Nachteil: diese Einstellung kann zu funktionalen Einschrän-
kungen bei Umsystemen führen.

4.4.4　Planung und Durchführung der NFA-Tests

Unter den nicht-funktionalen Anforderungen wird vor allem die Performance des
Systems verstanden. Bei der Applikationsentwicklung muss neben den funktionalen Anforderungen auch dieses Thema berücksichtigt werden. Je nachdem, wie das
System aufgebaut und parametrisiert wird, hat dies Auswirkungen auf die Systemleistung. Als Messgröße werden die Laufzeit und die verarbeitete Menge in der
Regel definiert. Um dies ebenfalls messen zu können, können die Transaktionen
und Jobs entsprechend instrumentiert sein, indem die Messpunkte im Programm
fixiert werden. Der Start und das Ende der Verarbeitung werden mit einem Zeit-
stempel versehen und im Logfile des Jobs festgehalten. Dieser Vorgang muss bei
der Entwicklung des Jobs eingebaut werden.

Das Festlegen der Messstrecke ist erfahrungsgemäß eine Aufgabe, die etwas Zeit und Kenntnis der betroffenen Systeme erfordert. Definieren der Messstrecke und Festlegen der Messpunkte sind normalerweise ein aufwändiger Prozess. Solche Tests müssen auch immer implementiert und plausibilisiert werden, was ein zusätzlicher Zeitaufwand bedeutet. Zumindest müssen Start und Ende der Messung festgelegt sein.

Eine weitere Herausforderung stellt die Verfügbarkeit einer produktionsnahen IT-Infrastruktur dar, um bei der Durchführung der NFA-Tests aussagekräftige Ergebnisse zu ermöglichen. Es ist in der Tat wichtig, die „reale Welt" so weit wie möglich zu simulieren. Aus diesem Grund macht es Sinn, NFA-Tests während einer Generalprobe durchzuführen.

Tipps & Tricks

Es lohnt sich, einfache NFAs mit direktem Bezug zu Kunden zu definieren. Zum Beispiel darf ein Kunde nicht mehr als eine Minute am Schalter warten, bis eine Kassentransaktion durchgeführt wird.

Sind die NFAs definiert, stellt sich sofort die Frage der Messbarkeit. Es ist von Vorteil, wenn die Dauer von gewissen Jobs via Systemtool gemessen werden kann. Vor allem wenn die Bearbeitungskapazität des Systems auf die Probe gestellt wird. Im Bankenbereich haben solche Phänomene eine große Bedeutung, in etwa wenn Löhne am 20. des Monates bezahlt werden oder wenn nach dem Go-Live eine Flut an Zahlungen bearbeitet werden muss.

Die Messung der NFA-Tests kann auch mit einer einfachen Stopp-Uhr stattfinden. Der Prüfer kann sich einfach neben den Anwender stellen und den geprüften Ablauf beobachten und deren Dauer messen. Um die Belastbarkeit des Systems auf die Probe zu stellen, ist es möglich, eine gezielte Übung zu orchestrieren. Und zwar wird mit mehreren Anwendern abgemacht, dass dieselbe Transaktion gleichzeitig durchgeführt wird. Damit wird die Reaktionszeit des Systems beobachtet. Das System könnte ganz langsam werden und Schwierigkeiten haben, sich „vom Stress" zu erholen und alle Aufträge zu bearbeiten.

Die Ergebnisse der NFA-Tests sollen protokolliert werden. Anbei ein Beispiel aus dem Bankenbereich von einem solchen Bericht.

Tabelle 35: Ergebnisse von NFA-Tests

Performance Tests „GUI"

Aufgabe		Verantwortlicher			Prüfung	
Nr.	Beschreibung	Name	Organisation	Status	Datum	Kommentare
x	NFA-Perf-x-xxx: Auszahlung ab Konto an der Kasse		Kundenbetreuung	OK/NOK		
x	NFA-Perf-x-xxx: GUI-Antwortzeiten im Finanzierungsvorschlag		Finanzieren	OK/NOK		z.B. „Systemgüte noch nicht erreicht"
x	NFA-Perf-x-xxx: GUI-Antwortzeiten im Kreditantrag		Finanzieren			
x	NFA-Perf-x-xxx: Erfassen Börsenauftrag		Handel			z.B. „Das ganze System wurde blockiert. Meldungen von der Börse zu Bankenkernsystem blieben hinten in der Reihe stehen"
x	...					

Performance Tests „Batch-Jobs"

Aufgabe		Verantwortlicher			Prüfung	
Nr.	Beschreibung	Name	Organisation	Status	Datum	Kommentare
x	NFA-Perf-x-xxx: Gebührenläufe am Monatsende		Kundenbetreuung			
x	NFA-Perf-x-xxx: Batchverarbeitung Postfinance		Zahlen			z.B. „Verarbeitung von 33000 Zahlungen dauerte 3.5 Stunden. Erwartet wird 40000 in einer Stunde"
x	Nachprüfung pendenter Zahlungen		Zahlen			
x	NFA-Perf-x-xxx: Zinsbelastungslauf		Finanzieren			z.B. „Keine Berechtigung vorhanden"
x	NFA-Perf-x-xxx: Verarbeitung Dividendenzahlung		Anlegen			
x	NFA-Perf-x-xxx Verarbeitung BatchPrint		Output			z.B. „Konnte nicht durchgeführt werden"
x	...					

Performance Tests „Schnittstellen"

Aufgabe		Verantwortlicher			Prüfung	
Nr.	Beschreibung	Name	Organisation	Status	Datum	Kommentare
x	NFA-Perf-x-xxx: GAA Server > Bankenkernsystem/GAA_Transaktionen		Kundenbetreuung			
x	NFA-Perf-x-xxx: Massenverarbeitung zwei Tage SIC EuroSIC		Zahlen			
x	NFA-Perf-x-xxx: Datentransfer SAP ins Hauptbuch		Präsidial			
x	NFA-Perf-x-xxx: Verarbeitung DWH-Extraktoren		Präsidial			
x	…					

Performance Tests „Failover"

Aufgabe		Verantwortlicher			Prüfung	
Nr.	Beschreibung	Name	Organisation	Status	Datum	Kommentare
x	NFA-Verf-x-xxx: Failover Bankenkernsystem		Betrieb			
x	NFA-Perf-x-xxx: Failover ebanking		Betrieb			z.B. „Wird zu einem späteren Zeitpunkt durchgeführt"
x	NFA-Perf-x-xxx: Failover Bancomat		Betrieb			z.B. „Wird zu einem späteren Zeitpunkt durchgeführt"
x	…					

4.4.5 Durchführung der EoP-Aktivitäten

Tagesend-, Monatsend-, Quartalsende und Jahresendverarbeitungen stellen besondere Ereignisse dar. Diese werden unter dem generischen Begriff EoP (End-of-Period) gekennzeichnet. Dennoch können die entsprechenden Aktivitäten auf einem „regulären" Testsystem kaum simuliert werden. Da das Testsystem im Rahmen der Projektplanung immer neu aufgesetzt wird, kann man nicht davon ausgehen, dass eine Monatsendverarbeitung durchführbar ist. Aufgrund ihrer Frequenz kann kaum erwartet werden, dass Quartalsend- oder Jahresendverarbeitung simuliert werden können. Dafür wird eine dedizierte Testinfrastruktur benötigt.

Bei dem Aufsetzen eines dedizierten Testsystems zwecks EoPs stellt sich die Frage der Verfügbarkeit der weiteren Testsysteme. Es ist für eine Bank sicher wichtig, dass die Batch-Jobs verwaltet und die Outputs generiert werden können. Auf weitere Umsysteme kann verzichtet werden, da die Schnittstellen „simuliert" werden können (z.B. gewisse generierte Files können gelesen werden).

Wird ein dediziertes Testsystem für das Testing der EoPs aufgesetzt, muss eine eigene Planung definiert werden. Anbei ein Beispiel.

Tabelle 36: Planung verschiedener EoQ-Aktivitäten

effektives Datum	Tätigkeit EOP	Bank-Datum	Bank-Datum neu	Beschreibung	Kommentar	Beginn - Ende	Verantwortlich
Mo. 07.02.11	1-EoQ	Mo. 07.02.11	Mo. 07.02.11	Clone Produktivsystem auf Testsystem um 12h	Testsystem "geklont"	08h - 12h	Release Mgt
Mo. 07.02.11	1-EoQ	Mo. 07.02.11	Fr. 25.02.11	mini-EoD mit Datumsänderung	Testsystem auf 25.2	14h - 17h	Betrieb
Di. 08.02.11	1-EoQ	Fr. 25.02.11	Fr. 25.02.11	Porti/ Datum einstellen für Gebührenlauf	Einstellung	12h - 14h	Test Manager
Di. 08.02.11	1-EoQ	Fr. 25.02.11	Mo. 28.02.11	EoD	EoD vor EoM	18h - 08h (09.02)	Betrieb
Mi. 09.02.11	1-EoQ	Mo. 28.02.11	Mo. 28.02.01	Changes einspielen	Patches	11h - 14h	Release Mgt
Mi. 09.02.12	1-EoQ	Mo. 28.02.01	Di. 01.03.01	EoM ohne Output	EoM Februar	18h - 08h (10.02)	Betrieb
Do. 10.02.11	1-EoQ	Di. 01.03.01	Mi. 02.03.01	EoD	EoD (Portogebühren)	18h - 08h (11.02)	Betrieb
Fr. 11.02.11	1-EoQ	Mi. 02.03.01	Mi. 02.03.01	Prüfungen	okay?	08h - 08h (14.02)	Fach
Mo. 14.02.11	1-EoQ	Mi. 02.03.01	Mi. 30.03.11	mini-EoD mit Datumsänderung	Testsystem auf 30.3	14h - 17h	Betrieb
Di. 15.02.11	1-EoQ	Mi. 30.03.11	Mi. 30.03.11	Porti/ Datum für Gebührenlauf einstellen	Einstellung	12h - 14h	Test Manager

Di. 15.02.11	1-EoQ	Mi. 30.03.11	Do. 31.03.11	EoD	EoD vor EoM	18h - 08h (16.02)	Betrieb
Mi. 16.02.11	1-EoQ	Do. 31.03.11	Do. 31.03.11	Changes einspielen	Patches	11h - 14h	Release Mgt
Mi. 16.02.11	1-EoQ	Do. 31.03.11	Do. 31.03.11	Cloning Testsystem	Testsystem gesichert	14h - 16h	Release Mgt
Mi. 16.02.11	1-EoQ	Do. 31.03.11	Fr. 01.04.11	EoQ mit Output	1 EoQ	18h - 08h (17.02)	Betrieb
Do. 17.02.11	1-EoQ	Fr. 01.04.11	Mo. 04.04.11	EoD	EoD (Portogebühren)	18h - 08h (18.02)	Betrieb
Fr. 18.02.11	1-EoQ	Mo. 04.04.11	Mo. 04.04.11	Prüfungen	okay?	Ab 08h	Fach
18.02.11	**1-EoQ**			**1. EoQ beendet**			
Mi 23.03.11	2-EoQ	Mi 23.03.11	Mi 23.03.11	Clone Produktivsystem auf Testsystem um 12h	Testsystem "geklont"	08h - 12h	Release Mgt
Mi 23.03.11	2-EoQ	Mi 23.03.11	Mi 30.03.11	mini-EoD mit Datumsänderung	Testsystem auf 30.2	17h - 02h (24.03)	Betrieb
Do 24.03.11	2-EoQ	Mi 30.03.11	Mi 30.03.11	Jobs xx, yy ausführen	Einstellung	anschl. an miniEOD	Betrieb
Do 24.03.11	2-EoQ	Mi 30.03.11	Mi 30.03.11	ggf. Daten erfassen durch Fachbereich	Testdaten	08h - 12h	Fach
Do 24.03.11	2-EoQ	Do 31.03.11	Do 31.03.11	Porti/ Datum einstellen für Gebührenlauf	Einstellung	12h – 14h	Betrieb
Do 24.03.11	2-EoQ	Mi 30.03.11	Do 31.03.11	EOD	EoD	17h - 08h (25.03)	Betrieb

Fr 25.03.11	2-EoQ	Do 31.03.11	Do 31.03.11	ggf. Daten erfassen durch Fachbereich	Daten	08h - 12h	Fach
Fr 25.03.11	2-EoQ	Do 31.03.11	Do 31.03.11	Backup Testsystem	Backup	13h - 16h	Betrieb
Fr 25.03.11	2-EoQ	Fr 01.04.11	Fr 01.04.11	Porti/Datum einstellen für Gebührenlauf	Einstellung	12h – 14h	Betrieb
Fr 25.03.11	2-EoQ	Do 31.03.11	Fr 01.04.11	EOQ	EoM März	17h - 16h (26.03)	Betrieb
Mo 28.03.11	2-EoQ	Fr 01.04.11	Fr 01.04.11	Prüfungen EOQ	okay?	08h - 17h	Fach
Mo 28.03.11	2-EoQ	Mo 04.04.11	Mo 04.04.11	Porti/Datum einstellen für Gebührenlauf	Einstellung	12h – 14h	Betrieb
Mo 28.03.11	2-EoQ	Fr 01.04.11	Mo 04.04.11	EOD	EoD (Portogebühren)	17h - 08h (29.03)	Betrieb
Di 29.03.11	2-EoQ	Mo 04.04.11	-	Prüfungen	okay?	Ab 08h	Fach
18.03.11	**2-EoQ**			**2. EoQ beendet**			

Die verschiedenen Aktivitäten bedeuten Zusatzarbeit für den Betrieb und die Testorganisation. Falls diese am Anfang des Projektes nicht berücksichtigt wurde, muss eine dedizierte Arbeitsgruppe aufgesetzt werden.

Tipps & Tricks

Es lohnt sich, ein Backup vor einer Monatsend- oder Quartalsendverarbeitung durchzuführen. Damit kann wertvolle Zeit gespart werden. Und zwar die Erfassung der Testdaten und die verschiedenen Schritte im System, um einen Monatswechsel einfach neu zu simulieren.

Die Komplexität bei einer Jahresendverarbeitung steigt. Vor allem die folgenden Fragen müssen beantwortet werden:

- Wie wird ein neues Geschäftsjahr eröffnet?
- Welche Listen müssen gedruckt und archiviert werden?
- Welche Daten sollen gelöscht werden?
- Wann und wie wird ein Geschäftsjahr abgeschlossen?

Tipps & Tricks

Es lohnt sich, die Systemeinführung am Ende des Jahres zu planen. Dadurch wird die Jahresendverarbeitung auf dem „alten" System durchgeführt. Eine Jahresendverarbeitung auf dem „neuen" System wird dann nicht durch „Kinderkrankheiten" überspitzt.

4.4.6 Durchführung von Probe-Cutover

Um das Go-Live-Prozedere zu validieren, wird ein so genannter „Probe-Cutover" durchgeführt. Der Probe-Cutover ist ein Versuch, den Cutover (inkl. Datenmigration) ohne Produktivsetzung durchzuführen. Als Resultat wird ein funktionierender Systemverbund mit Datenbestückung aufgesetzt.

Folgende Ziele werden mit dem Probe-Cutover verfolgt:

- Kommunikationsflüsse zwischen allen Beteiligten (Bank, Projektteam, Lieferanten) gemäß Cutover-Drehbücher proben
- Durchlaufzeiten unter realistischen Bedingungen messen
- Endverarbeitungen und Buchhaltungsprüfungen testen (Abgleich altes und neues System)
- Durchführen der Verifikationsschritte gemäß Drehbuch
- Die Umstellung der Umsysteme (inkl. Datenübernahmen und Umstellung Schnittstellen, Middleware und Netzwerkkonfigurationen) muss grundsätzlich mitgeprobt werden.
- Der Probe-Cutover muss so realitätsnah wie möglich durchgeführt werden, damit allfällige Schwachstellen spätestens zu diesem Zeitpunkt erkannt werden

Dabei müssen folgende Restriktionen beachtet werden:

- Auf der Testumgebung sind nicht alle Systeme gleich vorhanden wie auf der Produktion
- Auf der Testumgebung können evtl. nicht alle Verarbeitungen gleich durchgeführt werden wie auf der Produktion
- Die entsprechenden Unterschiede sind im Dokument Probe-Cutover und im Hauptdrehbuch-Cutover, welches als Grundlage für den Cutover gilt, zu beschreiben

Der Probe-Cutover entspricht der definierten Vorgehensweise des Cutovers und entspricht den folgenden logischen Phasen:

Vorbereitungen: Beinhaltet alle Vorbereitungsarbeiten, wie z.B. Datenbereinigung im Altsystem, Vorbereitung Umsysteme, Kundenkommunikation

Stammdaten-Migration: diese beinhaltet den Download der Stammdaten inkl. automatischer und manueller Prüfung der migrierten Daten, Kontrolle und Verifikation, Parallelphase mit Doppelerfassung

Positionsdaten-Migration: Download Konto- u. Depotpositionen, automatische Migration der Konto- und Depotpositionen, manuelle Migrationen, Migrationskontrollen, Initalload/Migration Umsysteme

Korrekturbuchungen: Nachmigration der Bestandsveränderungen

Nachbearbeitung: Berechnungen und Ausbuchungen, Abstimmung Bilanz und Erfolgsrechnung zwischen Alt- u. Neusystem, Verifikation des neuen Systemverbundes, Verifikation durch die Organisation

Systemöffnung: „Go/No Go"-Entscheid:

- nach Go-Entscheid: kontrolliertes, schrittweise Öffnen des Systems nach außen, noch nicht abgeschlossene manuelle Migrationen und Datenpflege (welche nicht für den ersten Produktionstag nötig sind), Umrüstung der Bancomaten etc.
- nach „No Go"-Entscheid: Einleitung des Fallback-Szenarios

Tipps & Tricks

Am besten kann ein Probe-Cutover vor einer Generalprobe geplant werden. Damit kann einerseits der Cutover geübt werden und anderseits quasi ein produktives System für die Durchführung einer Generalprobe zur Verfügung gestellt werden.

4.4.7   Finale Systemabnahme

Im Rahmen der Abnahme der Gesamtlösung werden die Ergebnisse der verschiedenen Testaktivitäten zusammengefasst. Vor allem stellen Quality Gates Meilensteine im Projektablauf dar, bei denen anhand der vordefinierten Erfüllungskriterien über die Freigabe des Go-Live entschieden wird. Abweichungen von den Zielwerten haben einen signifikanten Einfluss auf die Erreichbarkeit des geplanten Going-Live-Termins.

Nach den abschließenden Abnahmetests wird ein Bericht für die finale Abnahme aufbereitet. Die detaillierten Resultate der verschiedenen Testaktivitäten werden in dem Dokument zusammengefasst. Eine Empfehlung für das Go-Live wird explizit festgehalten und der Organisation werden eventuelle „Holprigkeiten" nach der Einführung erläutert.

Die Hauptergebnisse sollen in einem „Management Summary" am Anfang des Dokumentes erscheinen und können wie folgt lauten:

„In einigen Bereichen sind Fehler in der Software, die vor dem Going Live noch gelöst werden müssen. Ansonsten zeigt sich bezüglich des Softwarestands ein positives Bild. Die durch die Projektteams gemeldeten verbliebenen Mängel und die mangelhafte Datenqualität ergeben momentan ein negatives Gesamtbild. Abnahme wird erteilt unter dem Vorbehalt, dass die kritischen, bekannten Fehler (so genannte „AA" Issues) vor dem Go-Live gelöst sind.

Der Reifegrad des Systemverbunds ist zwischen den Projektteams unterschiedlich. Vor allem im Bereich A und C sollen entsprechende Umgehungslösungen aufgesetzt werden. Es ist auch damit zu rechnen, dass so genannte Hotfixes im System immer wieder eingespielt werden müssen, was zu einer gewissen System-„Instabilität" führen wird."

Das Dokument muss **formell unterschrieben** werden. Es soll von STC-Mitgleidern und von allen Mitgliedern der Geschäftsleitung, falls diese nicht als STC-Mitglieder im Projekt involviert sind, „physisch" unterschrieben werden.

Tipps & Tricks

Die finale Abnahme soll als Aufgabe frühzeitig geplant werden. Dadurch wird seine Bedeutung allen Beteiligten klar. Die logistische Herausforderung, bis alle Unterschriften gesammelt werden, soll nicht unterschätzt werden!

4.5 Projektphase 5: Stabilisierung/Nutzungsphase

4.5.1 Go-Live überstanden

Das Go-Live wird gemäß geübtem Probe-Cutover durchgeführt. Der Begriff „Cutover" beinhaltet die ganzheitliche Planung und Umsetzung des Plattformwechsels und umfasst folgende Themen:

- Datenmigration
- Umsysteme
- Aufbau-Organisation, Einsatzplanung
- Cutover-Drehbuch, Neben-Drehbücher
- Kommunikation innerhalb der Organisation
- Terminplanung
- Pikettplanung
- Kundeninformation

Grundsätzlich sind vier Migrationsverfahren denkbar:

Big Bang: Sämtliche zu migrierenden Daten werden zu einem Stichzeitpunkt in einem Zug migriert. Bis zu diesem Stichzeitpunkt wird vollständig im Alt-System gearbeitet, ab dem Stichzeitpunkt vollständig im Bankenkernsystem.

Big Bang mit vorgezogener Stammdatenmigration: Im Vergleich zum Big Bang wird die Migration der Stammdaten hier vorgezogen (ca. zwei Wochen, ggf. in mehreren Tranchen), so dass für diesen Zeitraum Stammdatenänderungen parallel im Altsystem und Bankenkernsystem gepflegt werden müssen.

Echter Parallelbetrieb: Die zu migrierenden Daten werden segmentiert. Dann werden die Segmente sequentiell vom Altsystem nach dem Bankenkernsystem migriert. Für diesen Zeitraum gibt es damit einzelne Segmente, welche im Altsystem geführt werden, und die restlichen bereits im Bankenkernsystem. Ein Segment ist niemals gleichzeitig in beiden Systemen aktiv.

Differenzenmigration: Die Differenzenmigration geht davon aus, dass die Datenmigration selbst sehr viel Zeit in Anspruch nimmt und der Bankbetrieb für diese Dauer nicht lange genug unterbrochen werden kann. Beginnend von einem Stichtag werden dann die zu migrierenden Daten vom Alt-System nach dem neuen System migriert. Da in der Zwischenzeit das operative Geschäft im Altsystem weiterläuft, gibt es nach Abschluss der Erstmigration neue Daten zu migrieren. Dieses Verfahren wird solange durchgeführt, bis beide Systeme praktisch gleich aktuell sind. Dann wird umgeschaltet.

Sowohl der echte Parallelbetrieb wie auch die Differenzenmigration reduzieren zwar das Umstellungsrisiko im Vergleich zu den Big Bang-Varianten erheblich, sind aber sehr komplex und nur aufwändig umzusetzen. Die Praxis wiederum hat gezeigt, dass Big Bang-Migrationen beherrschbar sind.

Die vorgezogene Stammdatenmigration reduziert dabei das Risiko der Datenmigration und entschärft zeitliche Engpässe am finalen Migrationstag. Einerseits soll der Aufwand durch Doppelpflege minimiert werden, denn sämtliche vorab migrierten Daten müssen doppelt gepflegt werden, im Altsystem und im Bankenkernsystem. Deswegen muss der Zeitabstand zwischen den Migrationstagen möglichst gering sein. Andererseits muss der Abstand zwischen den Migrationstagen groß genug sein, um eine reale Risikoreduzierung zu erreichen und Fallback-Szenarien zu erlauben, ohne den Termin für den Cutover in Frage zu stellen. Bei vielen Migrationen hat sich ein Abstand von zwei bis max. drei Wochen bewährt.

Die folgende Tabelle gibt einen Überblick über Zeitpunkt und Zeitraum der Aktivitäten am Cutover-Wochenende und entspricht einer vorläufigen Planung, die im Rahmen der Erarbeitung des Einführungskonzeptes laufend weiter verfeinert und angepasst wird.

Tabelle 37: Cutover-Beispiel im Bankingbereich für Positionsdaten-Migration

Datum	Start	Ende	Aktivität
Tag n.	17:00		Internet-Banking abschalten
Tag n.	17:00		GAA offline schalten und initialisieren
Tag n.	20:00		Start der Tagesendverarbeitung im Altsystem
Tag n	20:00		Schnittstellen abklemmen und auf dem neuen System umkonfigurieren: Post, SIC, Telekurs
Tag (n+1)	4:00		Stopp der Kursbelieferung
Tag (n+1)	6:00		Abschluss Tagesendverarbeitung auf dem Altsystem (inkl. Backup)
Tag (n+1)	6:00		Altes System auf „Read-Only" schalten
Tag (n+1)	6:00	11:00	Download Kontopositionen
Tag (n+1)	11:00	14:00	Überprüfung Download Kontopositionen
Tag (n+1)	11:00	16:00	Download Wertschriftenpositionen
Tag (n+1)	14:00		Freigabe Download Kontopositionen
Tag (n+1)	14:00	24:00	Migration Kontopositionen
Tag (n+1)	16:00	19:00	Überprüfung Download Wertschriftenpositionen
Tag (n+1)	19:00		Freigabe Download Wertschriftenpositionen
Tag (n+2)	0:00	2:00	Back-Up neues System
Tag (n+2)	2:00	12:00	Migration Wertschriftenpositionen
Tag (n+2)	8:00	16:00	Schnittstellen technisch auf neue Umgebung umstellen (aber nicht aufmachen)
Tag (n+2)	12:00	16:00	Initiale System-Berechnungen
Tag (n+2)	16:00	18:00	Back-Up neues System
Tag (n+2)	18:00	22:00	Kontrolle Konto- und Wertschriftenpositionen
Tag (n+2)	22:00		Freigabe automatische Migration Konto- und Wertschriftenpositionen
Tag (n+2)	22:00	1:00	Manuelle Migration
Tag (n+3)	1:00	6:00	Reserve
Tag (n+3)	6:00	12:00	Manuelle Migrationskorrekturen
Tag (n+3)	12:00	15:00	Initiale System-Berechnung
Tag (n+3)	15:00	24:00	Migrationskontrollen
Tag (n+3)	17:00		Wiederaufnahme der Kursbelieferung, Kurse nachfahren
Tag (n+3)	24:00		Freigabe Migration
Tag (n+4)	0:00	2:00	Migration Korrekturen/Bestandsveränderungen
Tag (n+4)	2:00	5:00	Manuelle Kontrolle der Korrekturen
Tag (n+4)	5:00	9:00	Setzen EOD im neuen System, Initial-EOD-Verarbeitung
Tag (n+4)	9:00	10:00	Reserve

Datum	Start	Ende	Aktivität
Tag (n+4)	10:00	14:00	Transaktionsverifikation
Tag (n+4)	14:00	15:00	Aufbereitung der Ergebnisse der Transaktions-verifikation
Tag (n+4)	15:00		Entscheid Going-Live (Point of No Return)
Tag (n+4)	15:00	18:00	Öffnung der Schnittstellen: Post, SIC, Telekurs, GAA
Tag (n+4)	18:00		Öffnung eBanking

Für den Cutover wird ein „**Point of No Return**" bestimmt. Dieser Punkt gibt an, bis zu welchem Zeitpunkt der Cutover abgebrochen werden und ein Fallback-Szenario zum Einsatz kommen kann. Nach Überschreiten des „Point of No Return" muss die Organisation zwingend auf dem neuen System weiterlaufen.

Auf ein **Fallback-Szenario** muss zurückgegriffen werden, wenn die Migration am Cutover nicht erfolgreich zu Ende geführt werden kann. Als Fallback-Szenario kommen lediglich der Weiterbetrieb der bestehenden Lösung und eine erneute Migration zu einem späteren Termin in Frage.

Zu einem zu definierenden Zeitpunkt wird die Kundeninformation (z.B. zum eingeschränkten Bankbetrieb oder zu Kontonummeränderungen) zur anstehenden Migration gestartet werden. Vor dieser Aktivität ist eine vorläufige „Go/No Go" Entscheidung durch das STC zu treffen.

Während des Cutover stehen den Mitarbeitenden für den gesamten Zeitraum keine IT-Systeme zur Verfügung. Das bedeutet, dass zahlreiche Geschäftsprozesse nicht oder zumindest nicht mit der gewohnten EDV-Unterstützung ausgeführt, und damit auch Dienstleistungen ggf. nicht angeboten werden können. Der Betrieb während des Cutovers muss unter den gegebenen Randbedingungen organisiert werden. Die folgende Tabelle bietet ein Beispiel aus dem Bankenbereich über solche Sondertätigkeiten in diesem Kontext.

Tabelle 38: Sondertätigkeiten während eines Cutovers im Bankenbereich

Tätigkeit	Bemerkung
Kundenkom-munikation	Rechtzeitig vor dem Cutover sind die Kunden über die Einschränkungen während des Cutovers zu informieren.
Doppelpflege	Unter Umständen erfolgt die Doppelpflege durch ein zentrales Team.
Rechtliche Absicherung	Unter Umständen ist das Aussetzen oder die verzögerte Erbringung bestimmter Dienstleistungen rechtlich abzusichern.
Schaltertätigkeiten	Es ist zu klären, ob die Schalter geöffnet werden, und, wenn ja, welche Dienstleistungen ohne EDV-Unterstützung angeboten werden können und sollen.

Tätigkeit	Bemerkung
Zentrale Disposition	In Abhängigkeit der angebotenen Leistungen am Schalter zum Cutover muss evt. eine zentrale Disposition eingerichtet werden.
Handel Kontrollmöglichkeiten	Es ist zu klären, wie die erforderliche Risikosteuerung (Margendeckung, Liquidität) im Handel erfolgen kann.
Liquiditätsausweis	Dieser ist täglich zu erstellen.
Kontoabstimmung	Die Kontoabstimmung im Bereich „Cash Reconciliation" ist noch im Detail zu regeln, damit Schadenfälle für die Bank vermieden werden können.
Nachträgliche Tagesendverarbeitung	In den ersten Tagen nach der Migration ist die nicht erfolgte Tagesendverarbeitung während des Cutovers nachzuholen. Dafür müssen ausreichende Ressourcen bereitgestellt werden. Zu beachten ist, dass die Arbeit mit dem neuen System zu diesem Zeitpunkt noch nicht eingeübt ist. Insbesondere muss auch definiert werden, welche Geschäfte „rückvalutiert" (d.h. mit Valuta-Tag während Cutover) verbucht werden müssen.

Tipps & Tricks

Da ein Cutover eine sehr risikoreiche Angelegenheit darstellt, soll ein Emergency Team jederzeit verfügbar sein. Die Geschäftsleitung soll auch immer erreichbar sein, falls Entscheidungen wie z.B. „weiterfahren, aber mit Auswirkungen auf Kunden" getroffen werden müssen.

4.5.2 Den Patienten stabilisieren

Nach dem Go-Live ist mit diversen Bugs, Bedienungsfehlern und anderer Problemen zu rechnen. Das oberste Ziel besteht darin, das Business geregelt abzuwickeln und keine Daten- oder finanziellen Verluste zu erleiden. Während dieser „Akutphase" muss davon ausgegangen werden, dass es im normalen Tagesbetrieb innerhalb der verschiedenen Applikationen zu Problemen kommen wird, die ad hoc gelöst werden müssen. Dies bedingt:

- Erhöhte Präsenz von IT-Spezialisten
- Erhöhter Pikett-Einsatz
- die Abnahme der definierten Prüfpunkte durch die Fachbereiche während der ersten Tagesend- bzw. Monatsendverarbeitungen

Damit der Betrieb während der Akutphase überhaupt gewährleistet werden kann, müssen folgende Voraussetzungen geschaffen werden.

Tabelle 39: Aktivitäten vor der Akutphase

Thema	Beschreibung
Infrastruktur	Die Infrastruktur des neuen IT-Systems muss beim Service-Provider im offiziellen Betriebsmodus überführt werden.
Monitoring	Monitoring Tools des neuen IT-Systems müssen aufgesetzt werden
	Schnittstellen zwischen Kernsystem und Umsystemen beaufsichtigen
	Output Management überwachen
Netzwerk	Anbindungen müssen vorhanden und funktionstüchtig sein.
Security	Firewall-Regeln müssen aufgesetzt und implementiert sein.
Administratoren-Passwörter	Müssen gesetzt und unter Verschluss sein. Bei Bedarf müssen diese innerhalb kurzer Zeit zur Verfügung stehen.
Einsatzpläne	Die Einsatzpläne für die Durchführung der Akutphase müssen vorliegen und kommuniziert werden.
Background-Prozesse	Müssen für den Betrieb korrekt parametriert sein (bspw. Parallelisierung).
Instanzen-Landscape	Muss definiert und relevante Teile müssen umgesetzt sein, als Bedingung für ein kontrolliertes Change Management.
Batch-Management	Die Batchverarbeitungen müssen implementiert und abgenommen sein (Job-Steuerung, tägliches Reporting).
Krisen-Management	Muss definiert und kommuniziert sein.
Change Management-Prozess	Muss definiert und umgesetzt sein. Bedingung für ein kontrolliertes Change Management, um Änderungen im System einzuspielen.

Anbei die wichtigsten Komponenten des Betriebs und Supports während der Akutphase:

- Support zu Anwender:
  - Vorort-Support
  - Zentrales Helpdesk für allfällige Fragen und Meldungen
- Betriebliche Aktivitäten:
  - Betriebsüberwachung 24 Stunden am Tag, 7 Tage die Woche
  - Entgegennehmen der Fehler und Lösen dieser Fehler
  - Einspielen der Systemänderungen zwecks Korrekturen

Tipps & Tricks

Für die an der Akutphase beteiligten Organisationseinheiten werden Räumlichkeiten und Infrastruktur (Workstation, Telefonie, Drucker, Beamer) zur Verfügung gestellt. Es muss darauf geachtet werden, dass die Einheiten möglichst nahe zusammen sind, damit ein einfacher Informationsaustausch gewährleistet ist.

Wenn Fehler entdeckt werden, müssen diese von einem **Change Control Board** geprüft und genehmigt werden. Dieses Gremium trifft sich täglich, priorisiert Issues und entscheidet, welche Systemänderungen im nächsten Wartungsfenster eingespielt werden.

Tipps & Tricks

Bei ganz kritischen Fehlern mit gravierenden Auswirkungen lohnt es sich, eine dedizierte Ressource einzusetzen. Dieser „Trouble Shooter" soll immer die „Top 10 Issues" auf dem Radar haben und dafür sorgen, dass die entsprechenden Lösungen möglichst schnell geliefert werden, ohne zusätzliche Probleme zu verursachen.

Die folgende Grafik zeigt die Entwicklung von neu entdeckten Fehlern nach Einführung eines Bankenkernsystems. Neben Issues in verschiedenen funktionalen Bereichen wurden noch viele Fehler erst im Bereich Übersetzungen, Formulare oder Autorisierungen im betrieblichen Modus festgestellt.

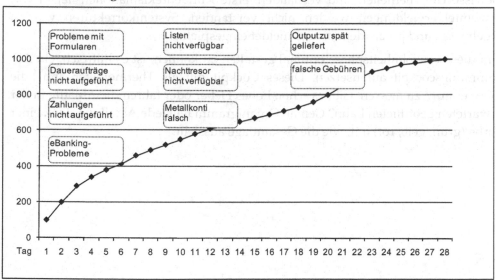

Abbildung 45: Kumulierte Zahl der neu entdeckten Fehler nach Systemeinführung

Das Thema „Business Continuity Management" (BCM) muss auch in dieser Phase adressiert werden.

Eine BCM-Übung muss durchgeführt und jährlich wiederholt werden. Hierbei kann die folgende Vorgehensweise verwendet werden:

- Aufnahme von Referenzdaten aus dem produktiven System (beispielsweise Konto-/Depotstände, Stammdaten etc.)
- Kontrollierter Shutdown des produktiven Systems
- Hochfahren des Failover-Systems
- "Anhängen" einzelner Umsysteme
- Kontrolle der Referenzdaten
- Kontrollierter Shutdown des Failover-Systems
- Hochfahren des produktiven Systems
- Grober Funktionstest der Umsysteme

Der Test wird vorzugsweise am frühen Sonntagmorgen durchgeführt, damit Offline-Zeiten von Umsystemen (wie Bancomaten) auf ein Minimum reduziert werden können.

4.5.3 Nutzen vom neuen IT-System erzielen

Nachdem das neue System erfolgreich eingeführt worden ist, muss sichergestellt werden, dass die Anwender mit der herausfordernden Situation klar kommen. Gewisse Unsicherheiten sind vorhanden: erste Kundenreklamationen liegen vor, Systemfehlermeldungen werden nicht verstanden, Systemkorrekturen werden regelmäßig und je nachdem unangemeldet eingespielt...

Um diese Gewohnheitsphase optimal gestalten zu können, ist es hilfreich, ein Abstimmungscockpit aufzusetzen. Dieses Cockpit gilt als Thermometer, um „die Temperatur" zu messen. Gibt es schon hohes Fieber oder fahren die Abläufe in der erwarteten geordneten Bahn? Gemäß Organigramm teilt jede Abteilung dank einer Farbe (grün, gelb, rot) mit, wie die Gesamtlage aussieht.

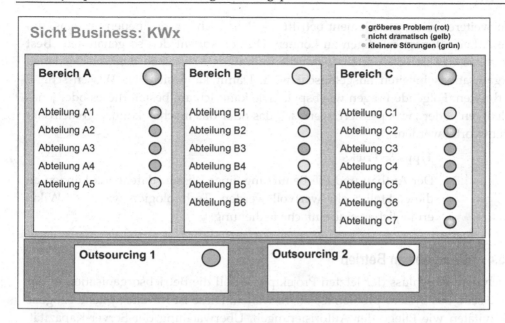

Abbildung 46: Lage der Fachbereiche nach Systemeinführung

Nur dann wird es möglich sein, die gemeldeten Status in Beziehung zu der Lage in den einzelnen Projektteams zu bringen. Damit kann festgestellt werden, ob der Zustand ein konsistentes Bild widerspiegelt.

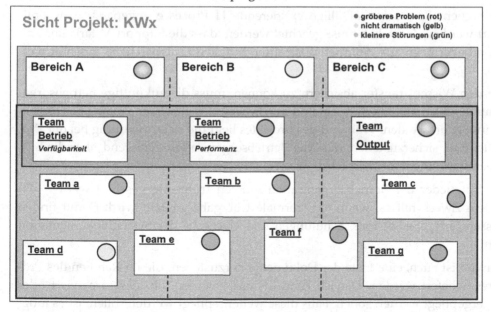

Abbildung 47: Abstimmungscockpit nach Systemeinführung

Ein weiteres wichtiges Element betrifft die Beherrschung des neuen Systems, um die Arbeit effizient erledigen zu können. Dies entspricht den so genannten „**Best Practices**". Es ist von Vorteil, wenn die Information zwischen den verschiedenen Organisationseinheiten ausgetauscht wird. Damit kann sich das Wissen schnell verbreiten. Folgende Fragen wie bspw. „wie kann ich am besten dieses oder jenes erledigen" oder „was passiert, wenn ich das oder das mache" können gemeinsam beantwortet werden.

Tipps & Tricks

Der Aufbau und die Benutzung einer Wissensdatenbank können an dieser Stelle sehr wertvoll werden. Technologien wie „Tiki-Wiki" ermöglichen eine einfache Bedienung.

4.5.4   Übergabe an Betrieb

Nach dem Abschluss der letzten Projektphase soll die Betriebsorganisation in der Lage sein, das System problemlos zu verwalten. Diese ist für alle systembezogene Aktivitäten wie Pflege der Autorisierungen, Überwachung der Server-Kapazität, Durchführung von Backups und Lösung der Probleme verantwortlich. Dies bedingt, dass die notwendigen Betriebsverträge und SLAs bereits mit den entsprechenden Serviceerbringern abgeschlossen werden. Die nötigen Abgrenzungen der Verantwortlichkeiten müssen klar festgelegt werden.

Gegebenenfalls müssen allfällige existierende IT-Prozesse angepasst, bzw. optimiert werden. Zusätzlich muss geachtet werden, dass die Support-Mitarbeiter und -Mitarbeiterinnen zur Wahrnehmung ihrer Aufgaben entsprechend geschult werden.

Um den Wissenstransfer absichern zu können, muss die zukünftige Betriebsorganisation im Voraus bekannt sein und möglicherweise gleich am Anfang des Projektes involviert werden. Während des Projektes liegt die Verantwortung bei der Projektleitung, sicherzustellen, dass die Betriebsorganisation genügend über die Systementwicklung informiert wird.

Die Mitglieder der Betriebsorganisation müssen frühzeitig geschult werden. Zu diesem Zweck hilf es, wenn eine formale Übergabe geplant wird. Damit finden Wissensübergabe-Sessions, Schulungen und Übergabe der Systemdokumentation statt.

Sinnvoll ist auch, eine Liste der Dokumente herzustellen, die im Rahmen des Projektes geliefert werden. Danach kann definiert werden, ob diese archiviert oder weitergepflegt werden sollen. Falls diese weitergepflegt werden sollen, ist es möglich, den Empfänger in die Pflicht zu nehmen.

Tabelle 40: Übergabe-Checkliste gemäß Projektdokumentation

Dokument	Verantwortung im Projekt	Verantwortung nach dem Projekt
Business Case	STC	-
Projektorganisation	STC, Projektleitung	-
Projektantrag	Projektleitung	-
Pflichtenheft	Projektleitung	-
Projektverträge	Projektleitung	-
Prozesse	Projektteams	Fachbereiche
Projektplan	Projektleitung	-
QS-Plan	Projektteams	-
Projektkosten-Controlling	Projektleitung	-
Risikomanagement	Projektleitung	-
Konzepte	Projektteams	-
Testfälle	Projektteams	Test Manager, Fachbereiche
Schulungsunterlagen	Projektteam „Schulung"	Fachbereiche
Entwicklungsrichtlinien	Projektteam „Entwicklung"	Organisationseinheit „Entwicklung"
Data Load-Spezifikationen	Projektteams	-
Schnittstellenspezifikation	Projektteams	-
Programmspezifikation	Projektteams	-
Schnittstellendokumentation	Projektteams	Organisationseinheit „Schnittstellen"
Programmdokumentation	Projektteams	Organisationseinheit „Entwicklung"
Programmdokumentation für Data Load	Projektteam „Migration"	-
Rollenbeschreibungen	Projektteams	Organisationseinheit „Autorisierungen", Fachbereiche
BCM-Aktivitäten	Projektteam „Systembetrieb"	Betriebsorganisation, Sicherheitsbeauftragter
Produktinstallation	Projektteam „Systembetrieb"	Betriebsorganisation
Systemdokumentation (Backup-Prozedere, …)	Projektteam „Systembetrieb"	Betriebsorganisation
Supportverträge	Projektleitung	Vertragsmanagement, Betriebsorganisation

Dokument	Verantwortung im Projekt	Verantwortung nach dem Projekt
Cutover-Plan	Projektleitung	-
Projekt-Auditreport	Auditoren	-
Issue und Change Management	Projektleitung	Betriebsorganisation
Übergabe-Checkliste	Projektleitung, Betriebsorganisation	-
Offene Anforderungen und entdeckte Fehler	Projektteams	Fachbereiche, Betriebsorganisation

Tipps & Tricks

Idealerweise findet die Übergabe vom Projekt zu der Betriebsorganisation einen Monat vor dem Projektabschluss statt. Damit wird gewährleistet, dass der Betrieb voll einsatzfähig ist.

4.5.5   Projektabschluss

Es ist nun so weit: das System, inklusive migrierten Daten, wurde erfolgreich eingeführt, die geschulten Anwender meistern die neu entwickelte Applikation und die Übergabe an die Betriebsorganisation hat stattgefunden. Die verschiedenen externen Berater verabschieden sich nach und nach. Email-Adressen werden noch ausgetauscht, bzw. man bleibt via soziale Netzwerke in Kontakt.

Um die wertvolle Erfahrung festhalten zu können, werden noch die „**Lessons learned"** organisiert. Eine gute Gelegenheit, um die gut funktionierenden und die noch zu verbessernden Elemente zu analysieren.

Das Projektsende ist gekommen und das Projekt bleibt nur noch eine angenehme (oder weniger angenehme) Erinnerung. Dennoch handelt es sich aus Sicht des IT-Systems erst um einen Start, wie es im nächsten Kapitel erläutert wird.

Tipps & Tricks

Nicht vergessen, den Erfolg zu feiern und die Leistung der Mitarbeiter anzuerkennen und zu honorieren.

5   Nutzung und Weiterentwicklung

Ein laufendes IT-System muss sozusagen „am Leben erhalten" werden und wird immer wieder verändert, oder besser gesagt weiterentwickelt. Es gibt verschiedene Arten der Veränderungen. In diesem Kapitel wird zwischen vier Hauptarten unterschieden:

- Wartungsfenster (WF),
- Release,
- SW-Upgrade,
- Weitere Entwicklungen.

Der Hauptunterschied zwischen diesen Systemänderungen liegt in der Ausprägung und in dem Zweck der Veränderungen. Während Wartungsfenster benutzt werden, um einzelne Systemfehler zu reparieren, stellen Releases ein Bündel von Bug-fixing und kleineren Systemverbesserungen dar. Ein SW-Upgrade geschieht lediglich, wenn eine neue Software-Version vom Hersteller zur Verfügung gestellt wird. Weitere Systementwicklungen werden im Rahmen von IT-Projekten umgesetzt. Es handelt sich zum Beispiel um die Verwendung eines neuen Moduls, die Integration eines Umsystems im Kernsystem oder den Bau weiterer Schnittstellen.

In der Regel kann festgehalten werden, dass je größer die Änderung ist, desto mehr muss sie getestet werden. Dennoch ist es klar, dass ein einziger unglücklicher Change einen großen Schaden im System anrichten kann. In der nächsten Grafik werden durchschnittliche Messwerte für die verschiedenen Testaktivitäten im Vergleich zu einer Systemeinführung eingegeben. Aufpassen: die Zahlen sind auf einer logarithmischen Skala dargestellt!

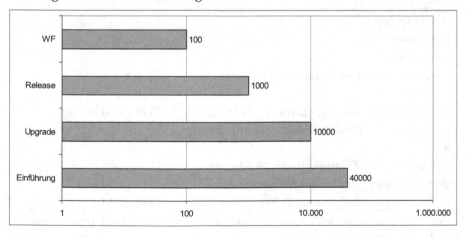

Abbildung 48: Logarithmische Testintensität per Art der Veränderung

Tabelle 41: Abwicklung einer Systemänderung

Schritt	Beschreibung	Rolle
1	Fehler entdecken oder Anforderungen formulieren	Fachbereich, Tester (z.B. wegen Kundenreklamation)
2	Zuordnung der Mitteilung und Eröffnung einer neuen Anforderung oder Fehlermeldung	IT-Account Manager
3	Erstanalyse und Aufwandschätzung	IT-Experte
4	Genehmigung der Changes und Priorisierung	Fach und IT-Management
5	Zuteilung der Ressourcen	Leiter IT-Entwicklung
6	Entwicklung der Lösung, Falls vorhanden, Eingabe in der Wissensdatenbank	IT-Experte
7	Installation des Changes auf der Entwicklungsdatenbank	IT-Experte
8	FUT durchführen, um die Korrektheit der Lösung zu prüfen	IT-Experte
9	Change abschließen	IT-Experte
10	Change Review durchführen	Leiter IT-Entwicklung
11	Installationsauftrag für Testdatenbank wird erstellt	Release Manager
12	Change wird auf Testdatenbank eingespielt	IT-Betrieb
13	Installationsreport erstellt und Information an Test Management	IT-Betrieb
14	Testauftrag verteilen	Test Manager
15	Je nach Testausprägung: Integrationstests Abnahmetests Regressionstests durchführen	Tester
16	Testergebnisse festhalten und Fehlermeldungen eröffnen	Tester
17	Für erfolgreich durchgeführte Tests Installationsauftrag für Produktionsdatenbank erstellen	Release Manager
18	Installation der Changes in die Produktion und Erstellung des Installationsreports	IT-Betrieb
19	Schließung der behobenen Fehler	Release Manager

Für jede Art von Systemveränderungen muss ein geordneter und transparenter Ablauf für die Produktivstellung aufgesetzt und eingehalten werden. Dieser Prozess kann generisch beschrieben werden. Es ist auch an dieser Stelle sehr wichtig, dass gewisse Rollen, vor allem für die erforderliche Koordination, wahrgenommen werden.

Diese Liste mit 19 Aktivitäten zeigt die Komplexität der Abläufe und die erforderliche Koordination über die verschiedenen Mitarbeiter, die involviert werden müssen.

Tipps & Tricks

Der Planung der verschiedenen Systemänderungen obliegt ein Gleichgewicht zwischen Flexibilität und Stabilität. Viele Wartungsfenster können eine gewisse Flexibilität bringen, dennoch besteht die Gefahr, dass das IT-System unstabil wird. Besteht keine Möglichkeit, Fehler zu beheben, bleibt das System zwar stabil, dennoch für die Anwender unbefriedigend.

5.1 Wartungsfenster

Wartungsfenster werden in erster Linie für Fehlerkorrekturen eingesetzt und gelten als Einzellieferungen. Dies bedeutet, dass die eingespielten Changes in der Regel ein überschaubares Risiko beinhalten. Die entsprechenden Tests begrenzen sich dann auf eine lokale Fläche. Aus Aufwand- und Zeitgründen werden in diesem Fall keine übergreifenden Tests durchgeführt.

Es wird zwischen drei verschiedenen Typen von Wartungsfenstern unterschieden:

Ordentliche Wartungsfenster

Ordentliche Wartungsfenster finden an vordefinierten Terminen statt, z.B. einmal pro Monat.

Außerordentliche Wartungsfenster

Wurde ein Fehler entdeckt, deren Lösung vor dem ordentlichen Wartungsfenster eingespielt werden muss, wird ein außerordentliches Wartungsfenster einberufen.

Notfall-Wartungsfenster

In diesem Fall handelt es sich um einen „Feuerwehreinsatz", bei dem ein sofortiger Eingriff im Produktivsystem erforderlich ist. Ein typischer Fall im Bankenbereich wäre hierfür ein Systemausfall, welcher das Tagesgeschäft verunmöglicht (z.B. Kunden können nicht mehr am Schalter bedient werden oder Börsenaufträge werden nicht mehr verarbeitet). Die erforderlichen Korrekturen werden so schnell wie möglich in Produktion gebracht. Solche Fälle sind nicht planbar und können jederzeit geschehen.

Die Produktivsetzung im Rahmen eines Wartungsfensters erfolgt in der Regel in einem Tag. Anbei eine Beschreibung von einem solchen Ablauf.

Tabelle 42: Abwicklung eines Wartungsfensters

Datum	Aktivitäten
Tag (x-1)	Kopie des Produktivsystems auf ein Testsystem
Tag x – 9h00	Einspielung der Changes auf dem Testsystem (Bedingung: die entsprechenden Entwicklungen müssen fertig sein)
Tag x – 10h00	Start des Testings (inklusiv Organisation der erforderlichen Regressionstests)
Tag x – 15h00	Ende des Testings
Tag x – 15h30	Paketierung der Changes für das Produktivsystem beginnt. Nur Changes, welche die Tests erfolgreich überstanden haben, werden berücksichtigt
Tag x – 17h00	Paketierung fertig Gegebenenfalls wird das Paket auf eine weitere Testinstanz eingespielt
Tag x – 18h00	Einspielen in die Produktion

Tipps & Tricks

Bevor ein Wartungsfenster in Anspruch genommen wird, muss geprüft werden, ob eine Umgehungslösung (auf English **Work-Around**) umgesetzt werden kann. Manchmal ist es besser, diese Variante zu wählen, anstatt auf eine improvisierte kurzfristige Lösung zu tippen.

5.2 Release

Releases werden als Standardgefäß für kleinere Systemverbesserungen und auch für Fehlerbehebungen definiert. Damit werden mehrere Changes paketiert und gemeinsam getestet. Wenn die Änderungen abgenommen sind, werden diese bei den vorher vereinbarten fixen Terminen in die Produktion eingespielt. Vorteil: neben einer besseren Qualitätsgarantie ist die Planbarkeit von Vorteil, vor allem wenn Abhängigkeiten zwischen den Anforderungen vorhanden sind.

SW-Releases sollen intern durchgeführt werden und innerhalb von drei Monaten abgewickelt werden. Typischerweise ermöglicht ein Release Korrekturen oder Verbesserungen von 100 bis 200 Fehlermeldungen. Die durchzuführenden Tests beziehen sich nicht nur auf die Korrekturen, sondern sollen auch Regressionstests beinhalten, um unerwünschte Nebenwirkungen auszuschließen. Damit reduziert das Bündeln der Issues auf einen Release das Risiko erheblich.

Mit den Integrationstests wird das Zusammenwirken der verschiedenen Komponenten des IT-Systems getestet. Für jede Abhängigkeit zwischen zwei Komponenten sollte idealerweise mindestens ein Testfall definiert sein. In diesem Testlevel werden Testfälle meistens auf Ebene der Geschäftsfälle abgehandelt. Ein wichtiger Bestandteil dieser Testphase sind auch die Tests zwischen dem Kernsystem und den jeweiligen betroffenen Drittsystemen.

In der letzten Teststufe sollten die Abnahme-Tests und Regressionstests durchgeführt werden. Hier sollte der Fachbereich bestätigen, dass alle geforderten Business-Funktionalitäten erfüllt sind und ein korrekter Output geliefert wird. Bei erfolgreicher Durchführung findet die Weitergabe an das Change Management statt. Dort werden die produktivbezogenen Anforderungen in die Produktion ausgeführt.

Bei einem Release mit 100 bis 200 zu testenden Issues kann von einer Testphase von ca. vier Wochen ausgegangen werden.

* 5 Tage Testfallerstellung oder Selektion
* 5 Tage Integration-Testing, vor allem bei den korrigierten Fehlern
* 4 Tage Korrekturfenster
* 5 Tage Regression- und Abnahmetests

In Projekten zur Einführung eines neuen IT-Systems werden in der Regel umfangreiche Abnahmetests mit mehreren Iterationen durchgeführt. Das Testing bei einem Release hat im Vergleich nur eine geringe Anzahl an neuen Requirements und erstreckt sich über begrenzte Zeiträume. Somit ist auch die Anzahl der Iterationen begrenzt.

Für einen reibungslosen Testablauf sind aktuelle Testdaten erforderlich. Hierfür muss eine Kopie des Produktivsystems auf der Testinstanz eingespielt werden. Während der Tests bleiben gewisse SW-Einstellungen zurück. In der Regel ist dies Sourcenänderungen. Somit befindet sich die Testinstanz nach Ende der Testphase in einem "unsauberen" Zustand. Da eine produktionsnahe Testumgebung für Umsysteme (wie z.B. im Bankenbereich Online Banking) sehr wichtig ist, wird eine Systemkopie vor Beginn und nach Abschluss der Testphase gezogen.

Um einen Release freigeben zu können, müssen vorher definierte Qualitätskriterien erfüllt sein. Die entsprechenden Tests müssen erfolgreich durchgeführt werden. Die Abhängigkeiten zwischen den verschiedenen technischen Objekten müssen gelöst werden, damit die Änderungen ins Produktivsystem eingespielt werden. Am Ende der Releasetests bleiben zwangsläufig Issues zurück, die nicht in die Produktion eingespielt werden konnten. Die Issues werden zum Beispiel per Default auf das nächste Release geplant. In der folgenden Abbildung werden die verschiedenen Releasephasen dargestellt.

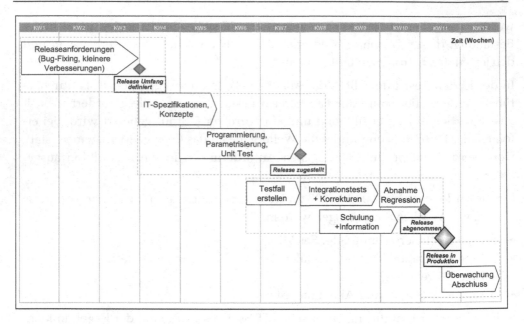

Abbildung 49: Phasen eines Releases

Tipps & Tricks

Die Frequenz der Releaseeinspielung muss im Voraus kommuniziert werden. Aufgrund der Dauer für den Releasebau wird empfohlen, ein Release pro Quartal zu planen.

5.3   SW-Upgrade

Ein SW-Upgrade gilt als verbesserte Konfiguration einer Applikation. Im Gegensatz zu einem Release wird ein Upgrade durch den SW-Hersteller verursacht. Die Politik des SW-Unternehmens, die Häufigkeit der Lieferung von neuen SW-Versionen und die Kompatibilität zwischen den SW-Ständen spielen eine wichtige Rolle.

Aufgrund der „Time-to-Market"-Anforderungen werden immer mehr und schneller Innovationen ausgeliefert. Dies führt dazu, dass Korrekturenpakete oder Upgrades immer öfter und schneller umgesetzt werden müssen. Diese Situation kann bei Anwendern oft zu Schwierigkeiten führen. In dem alltäglichen Leben wird festgestellt, dass verschiedene Wartungsaktivitäten mit großem Aufwand verbunden sind. Der SW-Hersteller seinerseits ist dann sicher herausgefordert, die Versionskompatibilität und Upgradefähigkeit der Applikation sicherzustellen. Aus diesen Gründen muss die Häufigkeit der Lieferung neuer SW zwischen dem Hersteller und den Anwendern klar geregelt werden, damit sich beide Parteien einig sind. Wird die produktive Version länger benutzt und werden Mehrfach-Upgrades (z.B. in der Grafik ein Upgrade der Version 1.0 zu der Version 3.0) ermöglicht, wird die

Anzahl der zu betreuenden Versionen und Service Packs schnell anwachsen, so dass die Komplexität, die Risiken und die damit verbundenen Kosten für alle steigen.

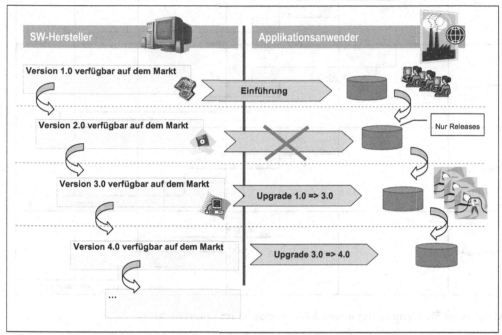

Abbildung 50: Upgradepolitik des SW-Herstellers und Umsetzung

Um die Komplexität der Applikationsentwicklung zu meistern, lohnt es sich erstmals konsequent zwischen Fehlerkorrekturen und Innovationsgefäßen zu trennen. Ein Modell muss definiert werden, bei dem folgende Elemente berücksichtigt werden müssen:

- Häufigkeit der Lieferungen von neuen Versionen
- Lieferungen von Fehlerkorrekturen
- Umsetzung individueller Changes und dedizierter Funktionalitäten
- Festlegung der Upgradefristen
- Unterstützung von Mehrfachupgrades
- Erhöhte Flexibilität und optimale Kundeninformation bei der Planung von Upgradeprojekten
- Effiziente Upgrade-Vorgehensweise, um den Aufwand zu minimieren
- Sicherstellung der Produktqualität

Ein mögliches Modell sieht die Lieferung der neuen Versionen pro Semester. Allerdings werden von der ersten Formulierung der SW-Anforderungen bis zur Lieferung der neuen Version bis zu zwei Jahren benötigt.

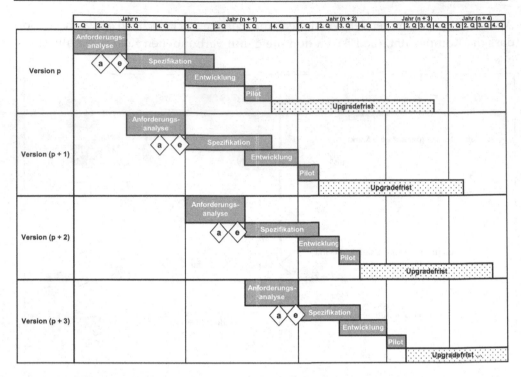

Abbildung 51: Planung der neuen SW-Versionen im Quartaltakt

Entscheidend ist, dass allfällige Kundenanforderungen, welche in einer bestimmten Version umgesetzt werden sollen, zeitgerecht zur Verfügung stehen.

Phase „Anforderungsanalyse": Anforderungen werden durch Anwender an den SW-Hersteller vermittelt. Bei dem Meilenstein "a" werden die kundenseitigen Anforderungen grob formuliert und durch den SW-Hersteller geschätzt (Grobschätzung). Bei dem Meilenstein "e" werden die definitiven und detaillierten Kundenanforderungen inkl. Abnahmekriterien durch den Kunden schriftlich dokumentiert und durch den SW-Hersteller endgültig und verbindlich geschätzt und priorisiert.

Phase "Spezifikation": Im Rahmen des Versionsbau-Programms werden für die aufwändigsten Anforderungen jeweils eine dedizierte Spezifikation erstellt, welche durch den Kunden abgenommen wird. Die Termine werden durch das Versionsbau-Management koordiniert und umgesetzt.

Phase „Entwicklung": die verschiedenen Funktionserweiterungen werden programmiert und im Rahmen der neuen Version zur Verfügung gestellt. Die Kompatibilität zum Rest der Applikation muss gewährleistet werden.

Phase „Pilot": jede SW-Version soll mit einem bestehenden Kunden pilotiert und dort im produktiven Einsatz geprüft werden, bevor die neue Version auf dem Markt ausgeliefert wird.

In der Regel ist der Kunde verpflichtet, den jeweils nächsten Release innerhalb einer definierten Frist nach dessen Auslieferung in Betrieb zu nehmen. Diese Frist wird als Upgradefrist definiert. Es ist wichtig, dass für einen Versionstand mindestens zwei Jahre garantiert werden, damit der Upgrade-Aufwand gering bleiben kann. Wird eine "alte" Version einer Applikation außerhalb der Frist benutzt, muss entweder das Unternehmen das Risiko in Kauf nehmen, dass kein Support mehr geliefert werden kann, oder es muss eine besondere Abmachung mit dem SW-Hersteller gefunden werden, um eine Erweiterung der Support-Dienstleistungen zu sichern.

Tipps & Tricks

Die Abhängigkeiten zwischen der SW-Version und den Korrekturpaketen, aber auch zwischen der Versionierung der verschiedenen SW, müssen berücksichtigt werden. Ein Upgrade mag in diesem Zusammenhang verschiedene Schritte benötigen, damit die Updates sukzessiv (und nicht auf einmal) nachgeholt werden.

Sind die vertraglichen Rahmenbedingungen mit dem SW-Hersteller klar geregelt, soll das Unternehmen sich für eine entsprechende „Upgrade-Vorgehensweise" entscheiden. Um deren Umsetzung sicherstellen zu können, wird pro Upgrade ein so genanntes „Upgrade-Projekt" aufgesetzt. Es ist wichtig, den Projektscope genau zu definieren: handelt es sich „nur" um ein „technisches Upgrade", dann wird auf zusätzliche funktionale Erweiterungen verzichtet. Bei einem „technischen" Upgrade soll das Ziel sein, das Projekt innerhalb von 6 Monaten durchzuführen. Dafür können 10 Wochen für Integrationstests (über zwei Monate) und vier Wochen (1 Monat) für Abnahmetests geplant werden.

Bei einem „Upgrade-Projekt" ist anzunehmen, dass alle Teile des IT-Systems durch Verbesserungen und Applikationserweiterungen betroffen sind. Das heißt, dass ein Projekt mit allen entsprechenden Projektteams aufgesetzt werden soll. Für das Testing bedeutet das, dass für die Abnahmephase ein komplettes Testing des IT-Systems geplant werden muss. Die Auswahl der Abnahmetests basiert auf den Geschäftsbereichen (Abdeckung in der fachlichen Breite) und der während des Projektes gefundenen Fehlers (Abdeckung in der Tiefe). Dadurch soll für jeden Fachbereich ein risiko-orientiertes Testset entstehen, das sowohl der fachlichen Abdeckung als auch den während der Testiterationen ausgemachten Problembereichen Rechnung trägt.

Der Entscheid über das Produktivsetzen obliegt dem Steering Committee. Folgende Informationen stellen eine wichtige Quelle dar, um den „Go/No-Go"-Entscheid treffen zu können.

Fortschritt Testfallvorbereitung

Der Fortschritt der Testfallvorbereitung wird anhand des Abdeckungsgrades und einer qualitativen Inhaltsprüfung ausgewertet.

Fortschritt Testdurchführung

Durchgeführte Tests pro Testiteration (fehlgeschlagen, bestanden) werden im Verhältnis zur Gesamtzahl der Tests pro Themenbereich rapportiert.

Fehler- Reporting nach Fachbereichen

Folgende Zahlen werden analysiert und interpretiert:

- Anzahl Issues, inkl. Status und Priorität
- Anzahl eröffnete Issues pro Testiteration
- Anzahl geschlossene Issues pro Testiteration

Bezüglich der Testinfrastruktur wird die Testumgebung in regelmäßigen Zyklen mit dem neuesten SW-Stand und den reparierten Fehlern zur Verfügung gestellt. Zusätzlich wird nach jedem Monatsende eine neue Datenbasis für die Testumgebung erstellt. Fehler werden fortlaufend behoben. In der Regel, wenn die Komplexität es zulässt, werden die Lösungen mit der nächstfolgenden Lieferung in die Testumgebung eingespielt. Behobene Issues durchlaufen einen Re-Test zur Validierung der Funktionalität. Bei der Testeinführung sollte die folgende Sequenz gelten:

1. Re-Test der Fehler: alle bis dahin behobenen Fehlern werden nachgetestet
2. Testing der neuen Einspielungen gemäß Projektplan
3. Regressionstests, die durch die Fachbereiche identifiziert wurden

Tipps & Tricks

Bei einem „Upgrade-Projekt" sollen dieselben Testfälle wie bei der Systemeinführung wieder verwendet werden. Dennoch sollen diese noch geprüft und gegebenenfalls verbessert werden.

5.4 Weiterentwicklung

Softwareanpassungen werden aufgrund von zwingenden Drittsystemänderungen oder bindenden Auflagen von Regulatoren durchgeführt. Bekannte Beispiele sind im Bankenbereich die jährlichen SWIFT-Releases oder Mehrwertsteueranpassungen.

In diesem Fall soll ein dediziertes Projekt aufgesetzt werden. Je nach Komplexität der Anforderungen kann die Dauer des IT-Projektes sehr variieren. Dennoch ist es empfehlenswert, die Dauer auf 9 Monate zu beschränken. Einerseits ist neben Wartungen, Releases und Upgrades das IT-System zeitlich sehr in Anspruch genommen, andererseits muss sich die Investition lohnen.

Im Fall einer Weiterentwicklung soll eine Projektorganisation aufgesetzt werden. Das Testing soll gemäß ähnlichen Prinzipien wie bei einer Systemeinführung vorgezogen werden.

Tipps & Tricks

Bei der Definition der Projektorganisation lohnt es sich bei Weiterentwicklungen, eine Trennung zwischen Programmierung und Testing zu bevorzugen. Dies im Gegensatz zu dem Einsatz für die Projektorganisation bei der initialen Systemeinführung.

6   Stilllegung

Die Erneuerung der IT-Architektur verursacht einen Wechsel der IT-Systeme. Soll ein existierendes IT-System ausgeschaltet werden, muss gewährleistet werden, dass alle Aktivitäten zur Stilllegung geplant werden. Dem IT-Management obliegt die Verantwortung sicherzustellen, dass keine Sicherheitsverletzungen stattfinden. Vor allem dürfen keine vertraulichen Daten außerhalb der Organisation ungewollt verteilt werden. Die Anwender müssen auch frühzeitig informiert werden. Auswirkungen auf Drittsysteme müssen auch im Voraus bewertet werden.

Bei der Durchführung eines „Decommissioning"-Programms muss sich die Organisation der Risiken bewusst sein. Aus diesem Grund ist es notwendig, sich eine Strategie zu überlegen und eine genaue Planung zu definieren. Die verschiedenen Schritte können dann durchgeführt werden. Wenn nötig, können die historischen Daten zum Beispiel via einer dedizierten Applikation immer noch abrufbar bleiben.

6.1   Planung der Aktivitäten

Bevor ein System ausgeschaltet wird, soll definiert werden, wie dies geschehen soll. Rollen und Verantwortungen müssen klar definiert werden, damit alle Aktivitäten reibungslos durchgeführt werden können. Wichtig sind auch die Kommunikationselemente, damit sich die betroffenen Anwender vorbereiten können und gegebenenfalls die erforderlichen Informationen, z.B. mittels Listen, speichern können.

Es ist von Vorteil, den Überblick über alle nötigen Aktivitäten für die Ausschaltung der entsprechenden IT-Systeme zu gewinnen. Insbesondere soll die Frage beantwortet werden, welche der Systeme bis wann betrieben werden sollen.

Wenn die betroffenen IT-Systeme identifiziert sind, stellt sich die Frage, welche Aktivitäten erforderlich sind, um die Ausschaltung vornehmen zu können. Dafür kommen verschiedenen Möglichkeiten in Frage:

Variante A: System komplett ausschalten

Bei dieser Variante wird das System komplett ausgeschaltet, ohne dass eine Systemsicherung stattfindet. Möglicherweise werden im Voraus Listen erzeugt und im Archivsystem gespeichert.

Variante B: System komplett ausschalten und Daten migrieren

Im Gegensatz zur Variante A werden die Daten des Altsystems via beispielsweise einer dedizierten Webapplikation zur Verfügung gestellt. In der Regel bietet diese Variante nicht alle Funktionalitäten des ursprünglichen Systems an.

Variante C: System komplett ausschalten und archivieren

In diesem Fall wird das System archiviert, entweder auf einem dedizierten Server oder auf „mobilen" Speichermedien wie z.B. Tapes.

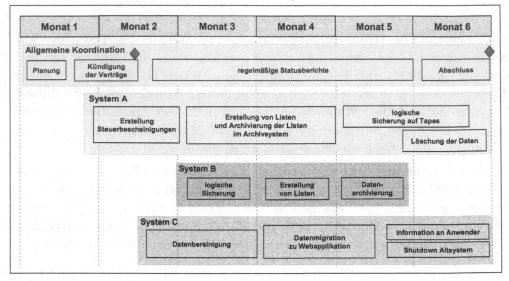

Abbildung 52: Planung der Aktivitäten zu Systemausschaltungen

Wird ein IT-System ausgeschaltet, müssen noch viele technische Aspekte abgeklärt werden, wie z.B.:

- Wie müssen die Daten abgezogen und gelagert werden?
- Wie können zu einem späteren Zeitpunkt bei Bedarf die Daten eingesehen werden bzw. wie kann ein konkreter Fall rekonstruiert werden?
- Welcher Output soll weiterhin erzeugt werden?
- Welche Kontrollmechanismen werden genutzt, um allfällige Aktivitäten (z.B. Buchungen) auf dem Altsystem festzustellen?
- Wie soll das „Lichterlöschen" konkret ablaufen?

6.2   Sunsetting Kernsystem

Wird eine Bankenkernapplikation ausgeschaltet, sollen die historischen Daten zur Abfrage benutzt werden können. Aus rechtlichen und revisionstechnischen Gründen müssen die „Altdaten" archiviert werden.

Bei der Abschaltung der alten Umgebungen sind vier verschiedene Schritte erforderlich:

- Sicherung
- Wiederherstellung
- Archivierung
- Löschung der Dateien

Sicherung

Bevor das System ausgeschaltet wird, müssen vorgängig Sicherungen erfolgen. Alle revisionsrelevanten Daten werden für den erforderlichen Zeitraum (z.B. 10 Jahren) gesichert und zur Archivierung übergeben.

Die Sicherung erfolgt auf physischer Basis. Vorher wird das alte System heruntergefahren. Alle Batch-Jobs werden deaktiviert und alle technischen Schritte eingeleitet. Nur die Sicherungsjobs werden gefahren.

Alle notwendigen Objekte werden gegebenenfalls im Voraus aufgelistet und separat gesichert. Zusätzlich wird sichergestellt, dass genügend Serverkapazität bei der Systemkopie vorhanden ist.

Tipps & Tricks

Die Daten können in unterschiedlichen Formaten gesichert werden. Die erste Sicherung kann mit dem proprietären Format des Systemherstellers erfolgen, die zweite mit einem „neutralen" Produkt.

Wiederherstellung

Je nach Anforderung, Umfang oder Systemgegebenheit müssen unterschiedliche Wiederherstellungsverfahren eingesetzt werden.

Da die Wiederherstellung bis zu 10 Jahren nach der Sicherung nötig sein kann und sich in dieser Zeitspanne sowohl die Hardware als auch das Betriebssystem weiterentwickeln werden, kann nicht garantiert werden, dass die Wiederherstellung des ganzen IT-Systems oder Teile davon ab den physischen Sicherungen erfolgen kann. Dafür müssen Verfahren entwickelt werden, die die Wiederherstellungsverfahren umgebungsneutral ermöglichen. Um diesen Zweck erreichen zu können, ist es möglich, die Einzelteile und Funktionen des Altsystems zu analysieren und die verschiedenen technischen Wege in „unkompatiblen" Systemumgebungen mit den entsprechenden „Restore"-Funktionen zu definieren.

Archivierung

Zwecks Archivierung werden die Speichermedien der Sicherungen an einem sicheren Ort gelagert.

Tipps & Tricks

Daten sollen womöglich an verschiedenen Orten gelagert werden.

Löschung der Dateien

Die Löschung erfolgt auf Stufe der Datenserver und sonstiger Datenträger.

Dateien auf allen Produktion- und Entwicklungs-Testsystemen werden gelöscht und der entsprechende Server wenn möglich neu initialisiert.

Alle logischen Bänder werden gegebenenfalls neu formatiert, damit keine Daten mehr vorhanden sind.

6.3   Zugang zu historischen Daten

Daten, die nicht auf das neue IT-System migriert wurden, können weiterhin zum Beispiel via einer Webapplikation abrufbar bleiben. Selbstverständlich werden diese Informationen nicht mehr gepflegt und stehen nur noch schreibgeschützt zur Verfügung.

Im Bankenbereich stellen Stammdaten von aufgehobenen oder gelöschten Bankkunden ein Beispiel dar. Die Daten umfassen unter anderem:

- Adressen
- Verbindungen (z.B. Konto, Depot, Hypothek, Schrankfach, Karten)
- Beziehungen (z.B. Vollmacht oder Konsortium)
- Kundenkontakte
- Hypothekenabschlüsse und kreditrelevante Kontobewegungen.

Ausgehend von einer Suchmaske kann nach Kunden oder Konti/Depots gesucht werden. Die Ergebnisse der Suche werden in einer Treffermaske dargestellt. Via Doppelklick auf die Kunden- oder Konto-/Depotnummer erscheint eine Detailmaske mit Stammdaten. Von hieraus können weitere Informationen zu Kreditdaten, Transaktionsüberwachungen und Kundenkontakten aufgerufen werden.

Wichtig ist die Definition der Suchkriterien, wie z.B. Kundennummer, Name, Adresse, Geburtsdatum oder Konto-/Depotnummer. Diese Kriterien können auch kombiniert werden.

Sind die gewünschten Kunden gefunden worden, wird die Maske mit der Stammdaten-Ansicht eröffnet. Kundendetailinformationen wie Adresse, Domizil, Betreuer, Eröffnungs- und Aufhebungsdaten werden dann erscheinen. Mit Buttons oder „Doppelklicks" können weitere Informationen abgerufen werden.

Tipps & Tricks

Bei der Suche soll die Liste der Treffer auf 200 begrenzt werden, damit die Übersichtlichkeit gewährleistet ist.

C   Hilfsmittel

7 Testwerkzeuge

Um die Komplexität der Testaktivitäten meistern zu können, lohnt es sich, EDV-Tools einzusetzen. Dennoch stellt sich die Frage, was der Nutzen eines solchen Tools ist. Was und wie soll es angewendet werden? In diesem Kapitel werden drei Bereiche beschrieben, wo automatisierte Abläufe Vorteile bringen können. Produkte werden sogar erwähnt, nur um Beispiele zu geben. Wie diese Tools umgesetzt werden, bleibt jedem selbst überlassen. Der Aufwand und die Auswirkung, falls die Einführung nicht erfolgreich ist, sollen nicht unterschätzt werden.

Es handelt sich an dieser Stelle um:

- Testmanagement Tool
- Testroboter
- System Performance Monitoring Tool

7.1 Testmanagement Tool

Aufgrund der hohen Zahl der durchzuführenden Tests bei der Einführung eines neuen IT-Systems lohnt es sich, eine Software für das Testmanagement einzusetzen. Es ist selbstverständlich, dass ab 1000 verschiedener Testfälle eine EDV-Lösung unabdingbar ist. Folgende Funktionalitäten sollen gewährleistet werden:

- Testfall erstellen und wieder verwenden: es hilft, wenn Testschritte eines Testfalls von Excel-Files in einem Test Management Tool importiert werden können.
- Testplan definieren: dadurch werden die Aktivitäten der Projektteams bestimmt.
- Verwalten der Anforderungen: es ist wichtig, die Verbindung zwischen Anforderungen und Testfällen sicherzustellen.
- Festlegen der Testkampagnen: für jede Testiteration werden Testaktivitäten definiert.
- Test durchführen: Testergebnisse dokumentieren.

Die Verwendung einer geeigneten Software für das Fehlerreporting und das Bugtracking ist eine wichtige Voraussetzung für eine effiziente Kommunikation zwischen den Entwicklern und den Testern. Es lohnt sich dafür, eine Informationsplattform innerhalb des Testmanagement Tools zu nutzen. Damit können die Teammitglieder sich gegenseitig Aufgaben zuordnen und den Stand aller Issues erfahren.

Ein weiterer wichtiger Aspekt, und wahrscheinlich für das Management der Wesentlichste, sind die verschiedenen Standardberichte, mit deren Hilfe Testergebnisse rapportiert werden können. Man soll auch die Möglichkeit prüfen, inwieweit selbst „gestrickte" Berichte einfach zu erstellen sind, oder eben nicht. Workflows können auch umgesetzt werden. Dies ermöglicht, dass Arbeitsergebnisse zur Freigabe weitergegeben werden und der Status der einzelnen Prüfschritte für alle transparent verfolgt werden kann. Dank automatisierter Mailverteilung wird auch sichergestellt, dass Teammitglieder über Änderungen, Eingaben und Meilensteine, welche sich auf ihre Arbeit auswirken, benachrichtigt werden.

Es stellt sich die Frage, ob eine eigene Lösung intern entwickelt werden soll, und vor allem, wie das Test Management Tool mit den anderen EDV-Tools (wie zum Beispiel ein existierendes Issue Management Tool) integriert werden soll. Der Kauf einer externen SW bedeutet zwar Geld in Lizenzen zu investieren, dennoch profitiert man von der Erfahrung des Herstellers und von den erprobten Anwendungen.

Anbei eine Liste von aktuellen Herstellern.

Tabelle 43: Liste von Test Management Tools

Hersteller	Produkt
Borland	SilkCentral Testmanager
Compuware	QADirector/QACenter Portal
Consortium Oblect Web	Salome-TMF
eXept Software	expecco
IBM Rational	ClearQuestTest Manager
imbus	TestBench
HP	Quality Center
Microsoft	Visual Studio Team Edition for Software Testers
Mozilla Foundation	Testopia
TEQneers	TEQdit
Testing Technologies	TTWorkbench
Traq Software Ltd	QATraq

Hier eine Bewertung der verschiedenen Produkte durch Forrester Research:

„Forrester conducted an evaluation of six functional testing solutions vendors across 96 criteria. Our findings? HP's leadership of the functional testing market continues unabated since its 2006 acquisition of Mercury Interactive. IBM has expanded its solution's support for packaged applications, and its road map for the future looks promising indeed. Borland Software and Compuware have doubled down on serving their target users: more and less technical testers, respectively. Empirix and Seapine Software offer less-costly but also less-capable solutions, with notably limited support for applications and technologies. Overall, the strength of functional testing solutions continues to improve not just to keep up with changing technologies but also to better deliver improved support for activities like manual testing, test management, and test automation."

Tipps & Tricks

Die Benutzung eines solchen Tools ist nicht immer intuitiv. Gewisse Zusammenhänge können nicht auf Anhieb verstanden werden. Es lohnt sich, die Tester auf einer begrenzten Anzahl an SW-Funktionalitäten zu schulen und kurze und einfache Schulungsunterlagen zur Verfügung zu stellen.

7.2 Automatisiertes Testen

Dank eines Testroboters wird ein maßgeschneidertes Werkzeug entwickelt, mit dem sich das Testing effizient automatisieren lässt. Die Vorteile sind:

- kritische Fehler werden schneller identifiziert,
- die Qualität von Testkampagnen wird erhöht und
- der Aufwand für die Testdurchführung wird reduziert.

Wichtig ist, dass die Technik einfach zu bedienen ist, damit die Ressourcen sich auf den fachlichen Inhalt des Testens konzentrieren. Es ist empfehlenswert, Testdaten als Excel-Dateien vorzubereiten, damit Fachspezialisten kein technisches Knowhow beherrschen müssen. Auf jeden Fall sollen die Testvariablen einfach durch das Testing Team pflegbar sein. Zum Beispiel können in einem Excel File in den entsprechenden Spalten die verschiedenen Werte, die für einen Systemparameter getestet werden sollen, eingetragen werden. Damit können auch verschiedene Kombinationen zwischen den Systemparametern geprüft werden.

Tabelle 44: Vorbereitung von Testdaten für automatisierte Tests

Kunde	Buchungs-datum	Menge	Anlage	Verzin-sung	Amorti-sierung	Auszah-lung	...
Beispiel 1	xx	n	X	a	+ xxx	100.000	...
Beispiel 2	yy	p	Y	b	+ yyy	250.000	...
Beispiel 3	zz	q	Z	c	+ zzz	400.000	...
...	...	...	...	...	...	...	...

Die Programmierung des Testroboters stellt eine besondere Herausforderung dar, da der Link zwischen den definierten Systemparameter und den effektiven Objekten der IT-Datenbank erstellt werden muss. Es ist von Vorteil, eine genaue Namensgebung zu benutzen. Auch wenn die Applikation sich ändert (z.B. aufgrund eines SW-Upgrades), soll die Logik des Testroboters beibehalten werden. Damit wird viel Aufwand für die Aktualisierung des Testroboters gespart. Die verschiedenen Programme sollen in entsprechenden „Libraries" verwaltet werden.

Die Testausführung soll so automatisiert werden, als ob sie durch einen Anwender ausgeführt würde. Damit wird eine normale Arbeitssituation simuliert, wie wenn die Transaktionen durch einen „normalen" Benutzer erfolgen würden. Ergebnisse werden in einem Excel-File rapportiert. Neben erfolgreicher Durchführung oder Fehlermeldungen können auch Laufzeiten festgehalten werden.

Tabelle 45: Ergebnisse von automatisierten Tests

Gesamtergebnisse	
Test Datum:	xxx
Test Start Time:	14:13:48
Test End Time:	15:12:56
Test Duration:	0:59:08
Test User:	xxx
Total Testcases:	60
No Of Test Steps:	122
Passes:	45
Warnings:	9
Failures:	5

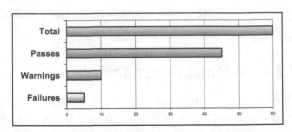

Nr.	Testfall Name	Begin	Ende	Status	Anzahl Wiederholunge	Dauer	Relevanz
1	Einloggen	2:13:48 PM	2:14:10 PM	passed	1	0:00:22	kritisch
2	Grundeinstellungen	2:14:14 PM	2:14:43 PM	passed	1	0:00:29	hoch
3	System Settings	2:14:48 PM	2:15:51 PM	passed	1	0:01:03	hoch
4	Start CRM modul	2:15:55 PM	2:18:59 PM	passed	1	0:03:04	mittel
5	Änderung Kundendaten	2:19:04 PM	2:19:48 PM	passed	1	0:00:44	hoch
6	Abfrage Kundendaten	2:19:52 PM	2:20:25 PM	passed	1	0:00:33	tief
7	Konto eröffnen	2:20:29 PM	2:21:29 PM	passed	1	0:01:00	hoch
8	Konto mutieren	2:21:33 PM	2:22:20 PM	passed	1	0:00:47	hoch
9	Kontosaldo abfragen	2:22:24 PM	2:23:14 PM	passed	1	0:00:50	hich
10	Abfrage Aufgaben	2:23:19 PM	2:23:58 PM	passed	1	0:00:39	tief
11	Börseauftrag eingeben	2:24:02 PM	2:24:35 PM	passed	1	0:00:33	hoch
...	...	...	...	...	...	...	...

Ein Testroboter kann in verschiedenen Situationen erfolgreich eingesetzt werden. Sowohl in Einführungsprojekten wie auch im Regressionstesting bei SW-Upgrades. Die Bereitstellung von Testdaten kann dadurch ebenfalls erleichtert werden.

Tipps & Tricks

Der Aufwand für die Einführung eines Testroboters muss nicht vernachlässigt werden. Das effektive Ergebnis der durchgeführten Tests hängt auch von der Relevanz der Tests ab. Oft bleiben diese rudimentär, so dass ein manuelles Testing unersetzbar bleibt. Deshalb wird empfohlen, die Einführung eines Testroboters erst nach der Systemeinführung in Betracht zu ziehen.

7.3 System Performance Monitoring Tool

Das System Performance Monitorig Tool erzielt die Automatisierung von Performance Tests und enthält eine Reihe von Programmen und Bibliotheken, welche das Generieren von automatisierten Testfällen zur Durchführung von Last- und Performanceszenarien ermöglicht. Mit den gewonnenen Ergebnissen der durchgeführten Prüfungen können einerseits Erfahrungswerte gesammelt werden und anderseits mögliche Leistungsengpässe identifiziert und dokumentiert werden.

Im Rahmen der Einführung des IT-Systems soll die Performance des Kernsystems geprüft werden. Diese Tests sollen aufzeigen, dass die Performance der Applikation ausreichend ist, damit die Geschäftsabläufe tagfertig durchgeführt werden können. Als Grundlage dient die Definition der Performance-Anforderungen als Teil der NFAs (Nicht-Funktionale Anforderungen), in dem die Anforderungen an die Performance beschrieben sind, die aus Sicht des Unternehmens besonders kritisch sind.

Idealerweise steht das spätere produktive System, oder eine vergleichbare Testumgebung, für die Performance Tests zur Verfügung. Nur so kann sichergestellt werden, dass mit dem Going-Live die Performance den formulierten Anforderungen auch entspricht.

Aus Sicht der Nachhaltigkeit der Produktivleistung der IT-Infrastruktur sollte eine dedizierte Infrastruktur zur Verfügung stehen, die eine automatisierte Prüfung der gegebenen Anforderungen erlaubt. Der Aufwand hängt allerdings stark von der Anzahl Testfälle und der Komplexität der IT-Systeme ab. Aus diesem Grund ist eine risikobasierte Priorisierung notwendig. Damit die Erfahrungswerte der aufgeführten Tests plausibilisiert werden können, sollte das durchschnittliche Transaktionsvolumen des Unternehmens verwendet werden.

Eine automatisierte Performance Test-Umgebung ist auch aus Sicht der Kontinuität des Systemmanagments eine wichtige Maßnahme. Grundsätzlich sollte bei jeder Änderung am System, nicht nur bei der erstmaligen Einführung, geprüft werden, ob die Performance der Applikation noch den ursprünglichen Anforderungen entspricht. Um dieses gewährleisten zu können, müssen zusätzliche finanzielle Ressourcen für die benötigte Hardware, Lizenzen und Manpower investiert werden.

Solange die Funktionalität der Applikation nicht fertig gestellt ist (d.h. die Parametrisierung nicht abgeschlossen ist), können keine verlässlichen Performance Prüfungen durchgeführt werden. Ein Erreichen der erwarteten Leistungen auf einem funktional unvollständigen System ist von geringem Nutzen, da damit nicht bewiesen werden kann, dass das System unter den normalen produktiven Bedingungen die Performance-Anforderungen erfüllt.

Tipps & Tricks

Das Aufsetzen eines solchen Tools ist aufwändig und teuer, vor allem je nachdem, wie komplex und ausführlich die erforderliche Infrastruktur ist. Es lohnt sich jedoch, in einem Umfeld, wo die Leistungsaspekte eine überwiegende Rolle spielen, einen solchen hohen Aufwand zu treiben. Als Alternative können folgende Maßnahmen erfolgreich umgesetzt werden:

- Prüfung der Systemleistungen vor der Systemeinführung im Rahmen des Probe-Cutovers

- Manuelles Monitoring der Systemleistung mit regelmäßigen Messungen bei kritischen Anwendungen

- Tracking der Systemleistungen mit dedizierten Abfragen (z.B. SQL-Abfragen) für Bereiche, wo Leistungsmängel signalisiert oder identifiziert wurden.

8 Schlussfolgerung

Schon Murphy stellte treffend fest: „If anything can go wrong, it will". Manche behaupten sogar, dass Murphy ein Optimist war nach dem Motto „If anything just cannot go wrong, it will anyway!" Dies gilt sicherlich für IT-Systeme. Ohne Testing sollen keine Änderungen auf ein Produktivsystem eingeführt werden. Dennoch bleibt das Testing eine arbeitsintensive Angelegenheit, die optimiert werden muss.

Wie in diesem Buch erläutert, stellt das Testing eine zentrale Aufgabe dar, und zwar im ganzen Leben eines IT-Systems. In der Realität gelten die effektiven Testing-Aktivitäten als Ergebnis verschiedener Einflussfaktoren im Vergleich zu idealen Testrahmenbedingungen. Unter anderem spielen Kosten und Zeitdruck eine wichtige Rolle. Die Risikobereitschaft der Organisation ist ebenfalls entscheidend. Inwieweit die Anforderungen verstanden und klar formuliert werden, ist auch für ein erfolgreiches Testen maßgebend.

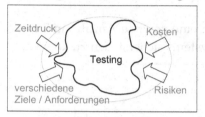

Abbildung 53: Optimierung des Testings

Dennoch stellt sich die Frage, wie effizient das Testing ist und welche Erfolgsfaktoren entscheidend sind. Diese Faktoren können auf drei reduziert werden:

1. **Timing**: wird durch den Projektplan festgelegt und beinhaltet die Planung der Durchführung der verschiedenen Tests (begrenzte Dauer)
2. **Anzahl der Tests**: wird durch die Größe der Testorganisation festgelegt und die Motivation der einzelnen Tester (begrenzte Ressourcen)
3. **Testrelevanz**: entspricht gemäß Business-Verständnis, was wichtig zum Testen ist, und wird durch die Definition der Anforderungen abgedeckt.

Anhand der Erfahrung, die während der Migration des Bankenkernsystems für zwei Universalbanken gesammelt wurde, können folgende Merkmale bei der Einführung einer neuen Plattform festgehalten werden.

Die **Testintensität** ist ein wichtiger Erfolgsfaktor, dennoch soll der größte Teil des Testaufwandes ca. 9 Monate vor Einführung stattfinden. Die folgende Abbildung zeigt die verschiedenen Kurven zur Durchführung der Tests. Einmal wurde die Einführung auf dem kritischen Pfad gerade erreicht, während die Kurve mit der vollen Linie eine „bequeme" (oder mindestens stressfreiere) Einführung darstellt.

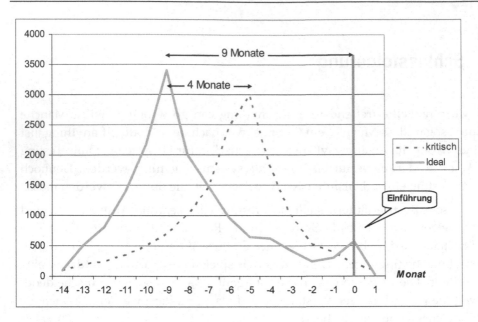

Abbildung 54: Testintensität vor der Einführung

Eine zweite Aussage lautet, dass jedes Projektteam eine gewisse **Anzahl an Tests** durchführen muss, um die Qualität des neuen IT-Systems sicherstellen zu können.

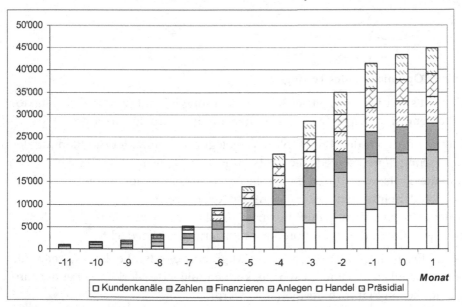

Abbildung 55: Monatliche Anzahl der Tests pro Projektteam vor Einführung

Die Anzahl variiert pro Projektteam und die Verteilung der Aktivitäten auf dem Projektplan ist bereichsspezifisch (Präsidial kommt in der Regel am Schluss).

Als nächste Bemerkung kann Folgendes festgehalten werden: die **Messung der Testdurchführung** gilt als guter Indikator, um die Projektfortschritte zu rapportieren. Die folgende Grafik zeigt mögliche Entwicklungen und die entsprechenden Schlussfolgerungen in Bezug auf die Erfolgschance des Projektes.

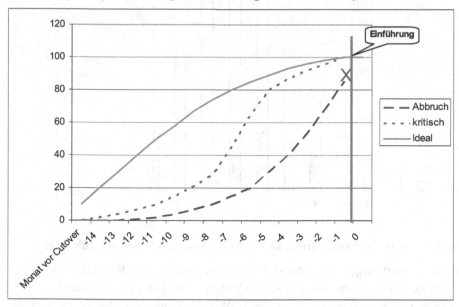

Abbildung 56: Entwicklung der monatlichen Testfortschritte in Prozent

Auch wenn die Testintensität eine wichtige Informationsquelle ist, muss die eigene Qualität bewertet werden. Dafür können die Anforderungen benutzt werden. Die folgenden Kurven zeigen eine ideale Entwicklung, wo viele Anforderungen als „gut" bewertet wurden. Fünf Monate vor Systemeinführung soll ein klarer Trend zu erfolgreich getesteten Anforderungen erkennbar sein.

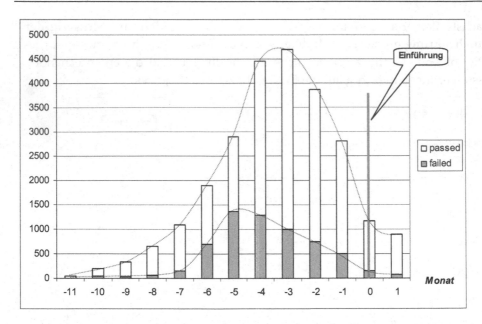

Abbildung 57: Monatliche Statusverteilung der Anforderungen (Systemeinführung)

Bezüglich der **Erledigung der entdeckten Fehler** müssen in der Regel drei Wochen in Anspruch genommen werden. Bei sehr wichtigen Fehlern fällt der Durchschnitt auf 2,2 Wochen. Dennoch wurde über die Hälfte der Fehler als „hoch" eingestuft und in durchschnittlich mehr als drei Wochen gelöst.

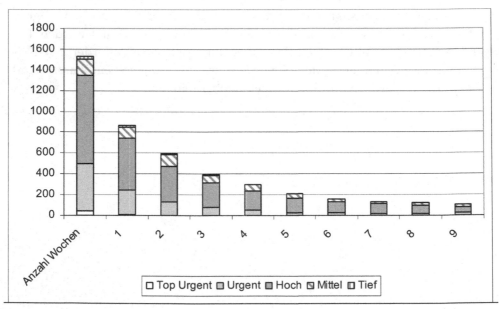

Abbildung 58: Durchschnittliche Lösungszeit der priorisierten Fehler

Drei Viertel der Fehler wurden beim ersten Mal korrekt gelöst, quasi 95% beim zweiten Versuch. Dennoch breitet sich die Lösungszeit bei gewissen Fehlern aus, vermutlich da diese nicht prioritär eingestuft wurden. Es kann auch sein, dass die **Lösungsfindung** sehr aufwändig war, z.B. im Fall von Querthemen.

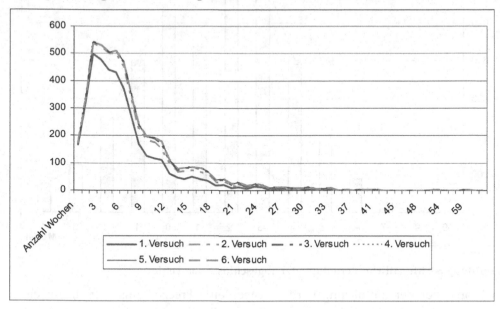

Abbildung 59: Lösungsquote im Laufe der Wochen

Die folgende Grafik zeigt die ideale Verteilung der abgeschlossenen Fehler.

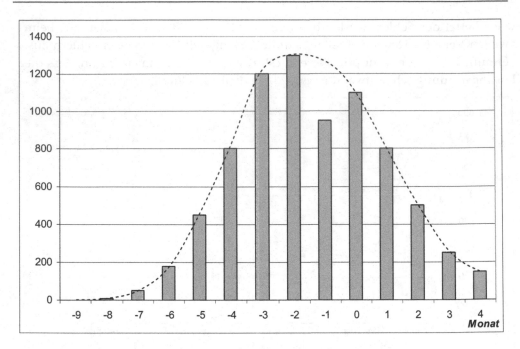

Abbildung 60: Monatliche Verteilung der abgeschlossenen Fehler

Im Monat vor der Einführung wird meistens ein „Freeze" angeordnet, um eine gewisse Systemstabilität sicherzustellen. Da die Fehler erst nach dem ersten Test-durchlauf entdeckt werden und da mehrere Wochen in der Regel notwendig sind, um eine passende Lösung zu finden, werden die Fehler meistens gerade bei der Einführung gelöst. Dies ist eine besonders stressvolle und anstrengende Phase, da das Go-live nicht aufs Spiel gesetzt werden muss.

Die vorhergehende Analyse zeigt, dass es nicht einfach ist, den goldenen Mittel-weg zwischen den „chaotischen" und den „überadministrierten" Testings zu fin-den. Das Testwesen bleibt dennoch ein „notwendiges Übel", da es sich sehr gut optimieren lässt. Es stellt auch eine gute Gelegenheit dar, viel Wissen und span-nende Erfahrung zu sammeln.

Abkürzungen

ABN	Abnahmetest
BCM	Business Continuity Management
CRM	Customer Relationship Management
DWH	Data Warehouse
EDV	Elektronische Datenverarbeitung
EoD	End of Day
EoP	End of Period
EoQ	End of Quarter
ERP	Enterprise Resource Planning
EtoE/E-to-E	End-to-End Test
FUT	Functional Unit Test
GAA	Geldausgabeautomat
GF	Geschäftsfall
GP	Generalprobe
GwG	Geldwäschegesetz
HP	Hewlett-Packard
HW	Hardware
IKS	Internes Kontrollsystem
INT	Integrationstest
IT	Information Technology
JEV	Jahresendverarbeitung
KW	Kalenderwoche
LSV	Lastschriftverfahren
MEV	Monatsendverarbeitung
Mgt	Management
MIPS	Microprocessor without interlocked pipeline stages
MIS	Management-Informationssystem
NFA	Nicht-funktionale Anforderung
NOK	Not okay (nicht in Ordnung)
OK	Okay (in Ordnung)
OSS	Online Service System
PC	Personal Computer
PEP	Politisch exponierte Person
PERF	Performance Test
PT	Personentage
QMS	Qualitätsmanagementsystem
QS	Qualitätssicherung

REG	Regression Test
SAP	Systemanalyse und Programmentwicklung
SIC	Swiss Interbank Clearing
SIS (SIX)	SegaInterSettle
SLA	Service Level Agreement
SPOC	Single Point of Contact
SQL	Structured Query Language
STC	Steering Committee
STP	Straight Through Processing
SW	Software
SWIFT	Society for Worldwide Interbank Financial Telecommunication
SWX	Swiss Exchange
TEV	Tagesendverarbeitung
UAT	User Acceptance Test
WF	Wartungsfenster

Literaturverzeichnis

Balzert H., Lehrbuch der Software-Technik, Band 2: Software-Management, Software-Qualitätssicherung, Unternehmensmodellierung, Verlag Spektrum der Wissenschaft, 2. Auflage, 2000

Baumann D., Hofmann T., Hutter D., Jäggin R. Moritz D., Pfister M., Vademekum des Software-Testens, SAQ-Leitfaden für die Planung der Software-Qualitätssicherung, SAQ, Schweizerische Arbeitsgemeinschaft für Qualitätssicherung, 2000

Bevan N., The Journal of Systems and Software, Volume 49, 1999, Pages 89-96

Broekman B., Notenboom E., Testing Embedded Software, Addison-Wesley, 2003

Die Beauftragte der Bundesregierung für Informationstechnik, V-Modell XT Bund

Dustin E., Raschka J., Paul J., Software automatisch testen, Springer-Verlag, 2001

FDA, General Principles of Software Validation; Final Guidance for Industry and FDA Staff», 2002

Friedrich J., Hammerschall U., Kuhrmann M., Sihling M., Das V-Modell XT. Für Projektleiter und QS-Verantwortliche – kompakt und übersichtlich. Springer, Berlin; Heidelberg 2008

Frühauf K., Ludewig J., Sandmayr H., Software-Prüfung. Eine Anleitung zum Test und zur Inspektion, vdf Hochschulverlag AG an der ETH Zürich, 5. Auflage, 2004

Golze A., Sarbiewski M., Zahm A., Optimize Quality for Business Outcomes: A Practical Approach to Software Testing, Wiley Publishing Inc., 2008

Hoffmann D. W., Software-Qualität, Springer, 2008

IEEE, IEEE Standard for Software Test Documentation, Std 829-1998

– , IEEE Standard for Software Unit Testing, Std 1008-1987

«Guide to the Software Engineering Body of Knowledge», Chapter 5 «Software Testing», SWEBOK

Kaner C., Bach J., Pettichord B., Lessons Learned in Software Testing: A Context-Driven Approach, Wiley, 2002

Kretschmann S., Testmanagement: Aufwandsschätzungen im Rahmen des Test-Outtasking, VDM Verlag, 2009

Liggesmeyer P., Software-Qualität, Testen, Analysieren und Verifizieren von Software, Spektrum, 2002

Monk A., Wright P., Haber J., Davenport L., Improving Your Human-Computer Interface: A Practical Technique, Prentice-Hall, 1993

Myers G. J., Methodisches Testen von Programmen, Verlag R. Oldenbourg, 6. Auflage, 1999

National Institute of Standards & Technology, The Economic Impacts of Inadequate Infrastructure for Software Testing, USA, 2002

NIST Special Publication 800-37, Revision 1, Guide for the Security Authorization of Federal Information Systems: A Security Life Cycle Approach, Initial Public Draft, 2008

Pinkster I., van de Burgt B., Janssen D., van Veenendaal E., Successful Test Management, Springer Verlag, 2010

Pol M., Koomen T., Spillner A., Management und Optimierung des Testprozesses (mit TPI und TMap), dpunkt.verlag, 2000

Rätzmann M., Software Testing: Tests, Verfahren, Werkzeuge; Die Praxis des Rapid Application Testings; Agiles Qualitätsmanagement, Galileo Press, 2002

Rausch A, Manfred Broy M., Das V-Modell XT – Grundlagen, Erfahrungen und Werkzeuge. dpunkt.verlag, Heidelberg 2007

Ravden S.J., Johnson G.I., Evaluating Usability of Human-Computer Interfaces: A Practical Method (Ellis Horwood Books in Information Technology), Prentice Hall, 1989

Reinhold M., Oestereich B., Hruschka P., Josuttis N. et al, Erfolgreich mit Objektorientierung: Vorgehensmodelle und Managementpraktiken für die objektorientierte Softwareentwicklung, Oldenbourg, München 2001

Spillner A., Rossner T., Winter M., Linz T., Praxiswissen Softwaretest – Testmanagement, dpunkt.verlag, 2008

National Institute of Standards & Technology

http://www.nist.gov/director/prog-ofc/report02-3.pdf

Swiss Testing Board

http://www.swiss-testing-board.ch

Printed in the United States
By Bookmasters